國際經貿派, 不再流冷汗！

◎你有沒有這樣的經驗？

有時候，在會議席上或是與客戶歡談之際，突然出現一些沒聽過的經貿用語，而這些又是關鍵，書到用時方恨少，往往嚇得一身冷汗。

如果當時隨便答腔、又答非所問的話，不僅會令對方一頭霧水，除了雞同鴨講，也常常令人啼笑皆非，當場無地自容。

「你買了保險沒？」，保險要事先買，事後就來不及。熟諳本書經貿用語，知己知彼，芝麻開門。

◎本書不但是一本經貿關鍵用語詞典, 也是一本單字學習書, 讓你輕鬆學習、利用快速中英日索引, 一次學成三國經貿用語。

國際經貿派，不再流冷汗！

WTO

經貿金融關鍵用語
中英日對照　三國語快速索引

English–Chinese–Japanese

Keywords of Trade Commerce Finance

漢　思

前　　言

台灣在迎接 2002 年時的大事，就是加入 WTO 世界貿易組織。這不但是我們邁向國際社會的重要契機，相信今後對於國際經貿金融相關服務的需求與使用相關用語的機會也將與日俱增。

本書在編輯之初，即考慮到讀者的多國語的需求，注重中、英、日三國語言的索引編排及譯注。譯注以平易為原則，並將出現頻率的高低來取捨這些關鍵用語，查閱及閱讀上我們特別放大了日語字體上的假名注音，這一些都站在讀者的角度，來作為編輯的方針。

本公司出版的日本系列，因多採用中、英、日三國語言對照，方便讀者比較各國語言及文化上的特色，自出版後廣受好評。在這樣的背景下，這次針對讀者經貿方面的需求，構思開發了本書。

這些關鍵用語，往往一般的字典及書籍都沒有收錄，但是在工作或教學時，卻常常被提及；由於國內可供參考的相

關書籍相當的貧乏，因此彙編了本書，相信本書能幫助有這方面需求的讀者，對工作上定有所助益。

　　本書對於社會新鮮人及赴外留學或從事經貿、銀行、証券、流通、不動產商業及翻譯的人士而言，應該是一本非常實用的工具書。手邊如能放置一本，並藉它來快速查閱，不啻為充實相關知識及商業溝通時，最有效率的方式，本書同時也是一本單字學習書，有空多讀，可幫助你了解商業上的關鍵用語，增加多國語運用的能力。

　　編者最後謹此向參與本書編輯的人士，感謝大家的協助，使得本書得以問世，但因才疏學淺，若有疏忽誤植之處，仍請讀者專家不吝指教。

編者 張思本

謹誌

A

Abolition	撤消	撤廃 (てっぱい)
Abrasion	磨耗、磨損	摩耗 (まもう)
abstract (document)	摘要、概要	摘要書 (てきようしょ)
acceptance	承兑、接受、承認、承諾	承認、引受け、承諾、アクセプタンス (しょうにん、ひきう、しょうだく)
acceptance bill	承兑匯票	引受手形 (ひきうけてがた)
acceptance house	承兑公司(行)	引受商社 (ひきうけしょうしゃ)
acceptance L/C(letter of credit)	承兑信用狀	アクセプタンス信用状、引受信用状 (しんようじょう、ひきうけしんようじょう)
acceptance rate	承兑匯率	輸入手形決済相場 (ゆにゅうてがたけっさいそうば)
acceptor of bill	匯票承兑人	手形引受人 (てがたひきうけにん)
accident insurance	事故保險、意外保險	傷害保険 (しょうがいほけん)
accommodation bill	融通票據、空頭票據	融通手形、空手形 (ゆうずうてがた、からてがた)
account	帳戶、帳目	口座、勘定 (こうざ、かんじょう)
account book	帳簿	帳簿 (ちょうぼ)
account for individuals	個人存款戶	個人預金 (こじんよきん)
account of issuing L/C	信用狀發行帳戶	信用状発行勘定 (しんようじょうはっこうかんじょう)
account sale	銷售帳目	売上勘定 (うりあげかんじょう)
accountant	會計師	会計士 (かいけいし)

accounting	會計	会計 (かいけい)
accounting firm	會計師事務所	会計事務所 (かいけいじむしょ)
accounts payable	應付帳款	支払債務、未払い金、買掛金 (しはらいさいむ、みばらいきん、かいかけきん)
accounts receivable	應收帳款	売掛金、未収金 (うりかけきん、みしゅうきん)
account	帳戶、帳目	口座 (こうざ)
accrued expenses	應計費用	未払い費用 (みばらいひよう)
accrued interest payable	應付利息	未払い利息 (みばらいりそく)
accumulation	累積	累積 (るいせき)
accumulative investment	累積投資	累積投資 (るいせきとうし)
acknowledgement	確認、承認	認める、受領 (みとめる、じゅりょう)
acquisition	收購	買収、取得 (ばいしゅう、しゅとく)
act (legal)	決議(書)	決議(書) (けつぎしょ)
actual price	實價	出来値 (できね)
actual sample	實際樣品	現品見本 (げんぴんみほん)
acute shortage	商品奇缺	深刻な品不足 (しんこくなしなぶそく)
AD-automatic depositor	自動存款機	預金自動預け入れ機 (よきんじどうあずけいれき)
added value	增值、附加價值	付加価値 (ふかかち)
additional charges	附加費用	追加費用 (ついかひよう)
additional freight	附加運費、額外運費	割増運賃 (わりましうんちん)
additional order	追加訂單	追加注文 (ついかちゅうもん)
adjustment	調整	調整 (ちょうせい)

administrated price	管制價格	管理価格
administration	經營管理	管理、経営
administrative activities	行政活動	事業活動
administrative guidance	行政指導	行政指導
administrative improvement	經營改革	経営改善
administrative reform	行政改革	行政改革
ADR- American Depository Reciepts	美國存託憑証	米国預託証券
advance	v.改進 n.預付(款)	前払い、前貸し
advance in price	漲價	値上がり
advance money	預付訂金	前渡し金
advance order	預定單	前注文
advance payment	預付(款)	前払い金
advanced payment	預付款項	前金
advanced technology	尖端技術	先端技術
advertisement	廣告	広告
advertising agent	廣告公司	広告取次人
advertising expense	廣告費	広告費
advertising fee	廣告費	広告費
advice note	通知書、通知單	通知状
advice of arrival, arrival notice	到貨通知	貨物到着案内、着荷通知
advise and pay	通知付款	通知払い(送金)

advising bank	通知銀行	つうちぎんこう 通知銀行
advisory service	投資顧問	とうしこもん 投資顧問
affiliated company	附屬系列公司	かんれんがいしゃ 関連会社
affiliation	系列化	けいれつか 系列化
afternoon session	午後交易	ごば 後場
ageing	時效	じこう 時効
agency	代理、代理店、 代理行、代理關係	だいり だいりてん とりつぎてん 代理、代理店、取次店、 エージェンシー
agency agreement	代理合同、代理關係協定	だいりてんけいやく 代理店契約
agency commission	代理手續費	だいりてんてすうりょう だいりてんこうせん 代理店手数料、代理店口銭
agency cost	代理經費	だいりてんけいひ 代理店経費
agenda	議題	ぎだい 議題
agent	代理商(行)、代理(人)	だいりにん 代理人、エージェント
aggregate market value	時價總計	じかそうがく 時価総額
agreement	同意、協定、協議	やくじょう けいやく ごうい 約定、契約、合意
air cargo	空運貨物	こうくうかもつ 航空貨物
air freight	航空運費	こうくうかもつうんちん 航空貨物運賃
air insurance	航空保險	こうくうほけん 航空保険
airway bill	航空貨運單、空運提單	こうくうつみにうけとりしょう 航空積荷受取証
allocation	分配	わあ 割り当て
allotment	(預算)分配、撥款、分發、配額	わりあて わりあてがく 割当、割当額

allowance	津貼、補助費、準備金	引当金 ひきあてきん
allowance for bad debts	壞帳準備	貸倒引当金 かしだおれひきあてきん
allowance for breakage	破損折扣	破損値引き はそんねび
alteration	變更、更改	変更 へんこう
amendment advice	修改通知書	信用状条項変更通知状 しんようじょうじょうこうへんこうつうちじょう
amendment commission	修改手續費	変更手数料 へんこうてすうりょう
amendment of L/C	信用狀的修改	信用状の変更 しんようじょう　へんこう
amendments	修改項目	変更事項 へんこうじこう
AMEX- American stock Exchange		
	美國証券交易所	米国証券取引所 べいこくしょうけんとりひきじょ
amortization add-on(amount; price; etc.)		
	分期攤還、攤提加計	償却 しょうきゃく
analysis sheet	分析表	分析表 ぶんせきひょう
analyst	分析家	アナリスト
annual expenditure	歳出	歳出 さいしゅつ
annual income	每年所得、年薪	年収 ねんしゅう
annual report	(公司向股東)年報	年次会計報告 ねんじかいけいほうこく
annuity	年金、養老金	年金 ねんきん
annuity insurance	年金保險	年金保険 ねんきんほけん
annuity system	年金制度	年金制度 ねんきんせいど
annuity trust	年金信託	年金信託 ねんきんしんたく
anonymity	匿名	匿名 とくめい

A

Anti Monopoly Law	反托拉斯法	独占禁止法
anti-dumping duties	反傾銷關稅	ダンピング防止関税
apparel	成衣	アパレル、衣服
applicant for the credit	申請開狀人	信用状開設依頼人
application	申請書	申請書
application for L/C	開狀申請書	信用状開設申込書
appointment	協定、約定	協定、約束
apportionment	分攤、分派	分配、割り当て
appraisal	估價、鑑定	査定
(to) appraise	估價、評價、鑑定	見積もる(v)、評価、鑑定
appreciation	增值、漲價、升值	騰貴、価格の騰貴
approval	核準、批準	認可、認証
approval sales	試銷	試供品販売
arbitrage	套利	利ザヤ稼ぎ
arbitrage broker	套匯經記人	サヤ取仲買人
arbitrage business	仲裁業	裁定為替業
arbitration	仲裁、公斷	仲裁、為替裁定
arbitrator	仲裁人、公斷人	仲裁人、裁決者
arrangement	商定、協定、安排	分配、手配
arrival	到達、抵港	到着、着荷
arrival draft	貨到付款匯票	着荷後一覧払い手形

arrival notice	到貨通知	着荷通知
arrival of goods	進貨、到貨	入荷
arrival quality terms	到貨品質條件	引渡品質条件
article	商品、條款	品物、条項
articles in great demand	搶手貨、暢銷貨	人気商品
articles of association	公司章程	定款
asked quotation	賣氣	売り気配、やり気配
asked price, seller's price	要價	言い値
assembling goods	裝配產品	組立商品
assembly cost	裝配成本	組立原価
assessment	(損失)估算、(稅款)評定、(資產)評估	査定
asset	資產	資本、資産
asset account	資產帳	資産勘定
assets & liabilities	資產與負債	資産と負債
assignment	轉讓、過戶、分配	譲渡
assignment of L/C	信用狀的轉讓	信用状の譲渡
assignor	轉讓人	譲渡人、委託者
assistant manager	助理經理、副理	副支配人
associated companies	聯營公司	関連会社
association	協會、公會、商會	団体、協会
assortment	搭配銷售	品揃え

A

ATM- automatic teller machine	自動取款機	預金自動受払い機、 現金自動入出金機
attachment, seizure	査封、扣押	差押え
attorney	律師	弁護士
auction	拍賣	競争販売、競売、せり
auction sale	拍賣	競売
auctioneer	拍賣人	競売人
audit	監察人、審計	監査
auditor	監察人、精算師	監査人
austerity policy	緊縮政策	緊縮政策
authorities concerned	有關當局	当該官庁
authority	授權	権能、権限
authorized capital stock	核定資本	授権資本
automatic money transfer	自動轉帳	自動振込
average	平均數、平均指數	平均

B

B/L date	提單日期	船荷証券発行日
B/L freight	提單運費	船荷証券貨物運賃
B/L quantity	提單上數量	船荷証券所載数量
B/L weight	提單上重量	船荷証券所載重量
back order	延期交貨	未調達注文
back to back L/C	背對背信用證狀、對開信用狀	バック・ツウ・バック信用状
backlog	定單結餘	注文残高
bad debt	不良債權、壞帳	不良債権、貸し倒れ
bad loan	銀行壞帳	不良貸し付け
bad news	壞消息	悪材料
balance	平衡、結餘、餘額	均衡、残高、収支
balance amount	餘額	残金
balance of a loan	貸款餘額	貸し出し残高
balance of debt	債務餘額	債務残高
balance of international payments	國際收支差額	国際収支
balance of invisible trade	貿易外收支	貿易外収支
balance of stock	存貨餘額	残金、売残り
balance of trade	(對外)貿易差額	貿易収支

balance sheet	資產負債表	<ruby>貸借<rt>たいしゃく</rt></ruby><ruby>対照<rt>たいしょう</rt></ruby><ruby>表<rt>ひょう</rt></ruby>、バランスシート
baling	打包、包裝	<ruby>梱包<rt>こんぽう</rt></ruby>、<ruby>荷作<rt>にづく</rt></ruby>り
bank	銀行	<ruby>銀行<rt>ぎんこう</rt></ruby>
bank acceptance	銀行承兌(匯票)	<ruby>銀行引受為替手形<rt>ぎんこうひきうけかわせてがた</rt></ruby>
bank accommodation	銀行融通票據	<ruby>銀行貸出<rt>ぎんこうかしだし</rt></ruby>
bank account	銀行帳戶	<ruby>銀行口座<rt>ぎんこうこうざ</rt></ruby>
bank balance	銀行存款餘額	<ruby>銀行預金残高<rt>ぎんこうよきんざんだか</rt></ruby>
bank check (cheque)	銀行支票	<ruby>銀行小切手<rt>ぎんこうこぎって</rt></ruby>
bank debenture	銀行債	<ruby>銀行債<rt>ぎんこうさい</rt></ruby>
bank deposit	銀行存款	<ruby>銀行預金<rt>ぎんこうよきん</rt></ruby>
bank discount	銀行貼現	<ruby>銀行割引<rt>ぎんこうわりびき</rt></ruby>
bank draft	銀行匯票	<ruby>銀行為替<rt>ぎんこうかわせ</rt></ruby>
bank guarantee	銀行保證	<ruby>銀行保証<rt>ぎんこうほしょう</rt></ruby>
bank loan	銀行貸款	<ruby>銀行貸付<rt>ぎんこうかしつけ</rt></ruby>
bank note	紙幣、鈔票、銀行本票	<ruby>銀行券<rt>ぎんこうけん</rt></ruby>、<ruby>紙幣<rt>しへい</rt></ruby>
bank of issue	發行貨幣銀行	<ruby>発券銀行<rt>はっけんぎんこう</rt></ruby>
Bank of Japan	日本銀行	<ruby>日本銀行<rt>にほんぎんこう</rt></ruby>(<ruby>日銀<rt>にちぎん</rt></ruby>)
bank rate	銀行利率	<ruby>公定歩合<rt>こうていぶあい</rt></ruby>
bank transfer	銀行轉帳	<ruby>銀行振込<rt>ぎんこうふりこみ</rt></ruby>
banker's note	銀行本票	<ruby>取引銀行約束手形<rt>とりひきぎんこうやくそくてがた</rt></ruby>
banking & credit system	銀行及信用制度	<ruby>銀行信用制度<rt>ぎんこうしんようせいど</rt></ruby>

bankruptcy	破產倒閉	とうさん 倒産
bargain	廉價品	とっ か ひん 特価品
bargain price	廉價、打折價格	み き か かく 見切り価格
bargain sale	廉價出售、大減價	やす う 安売り
barreled, casked	桶裝	たるづめ 樽詰
barrier	障礙	しょうへき 障壁
barter	以貨易貨、物物交換	こうかん こうえきひん バーター、交換、交易品
base currency	基準貨幣	き じゅんつう か 基準通貨
base pay	本薪	き ほんきゅう 基本給
base rate	基本利率	き ほん り りつ 基本利率
basis	基準、條件	たて ね じょうけん 建値、条件
bearer	持票人	しょ じ にん じ さんにん 所持人、持参人
bearer bill	持票人票據	じ さんにんばら て がた 持参人払い手形
bearer bond	無記名債券	む き めいさいけん 無記名債券
bearer shares	無記名股票	む き めいかぶ 無記名株
bearish	看跌	よわ き 弱気
benefit	利益	り えき ふく り 利益、福利
best price	最低價	やす ね さいてい ね だん 安値、最低値段
bid	投標、標售	にゅうさつ 入札
bid price	出價、收購價	つ ね 付け値
bid quotation	買氣	か け はい 買い気配

B

bidding quotation	遞價、開價	値付け
big stockholder	大股東	大株主
bilateral agreement	(政府)雙邊協定	双務協定
bill	票據、匯票、帳單、發票	請求書、勘定書、手形
(to) bill	發出帳單、發票	請求
bill for collection	託收匯票	代金取立手形
bill of entry, customs declaration	報關單	通関申告書
bill of lading-B/L	提單	船荷証券
bill of sale	賣契、押貨借據、銷售證	売り渡し手形、売渡証
bill payable after sight	見票後付款匯票	一覧後払為替手形
bill payable at sight	見票即付的匯票	一覧後払為替手形
bill payable months/days after sight	指定日期應付票據	日付後定期払い
bill to bearer	無記名票據、來兌即付	持参人払い手形
bill to order	記名票據、須簽字蓋章照付	指図人払い手形
biotechnology	生化科技	バイオテクノロジー、生命工学
black market	黑市	闇市場
black market price	黑市價	やみ相場
black market transaction	黑市交易	やみ取引
Black Monday	黑色星期一	暗黒の月曜日
blanket insurance	總括保險	包括保険

blanket order	統括訂單	そうかつちゅうもん 総括注文
blanket price	共通價格	きょうつうねだん 共通値段
blockade	封鎖	ふうさ 封鎖
blue chip	藍籌股、穩健投資	ゆうりょうかぶ ブルーチップ、優良株
blue form income tax recturn	日本報稅單	あおいろしんこく 青色申告
board of directors	董事會	とりしまりやくかい 取締役会
Board of Governors Of the Federal Reserve System	聯邦準備制度委員會、聯準會	れんぽうじゅんびせいどりじかい 連邦準備制度理事会
bond	債券、公司債、債券憑證	さいけん　しゃさい　さいむしょうしょ 債券、社債、債務証書
bond circulation yield	債券浮動利率	さいけんりゅうどうりまわ 債券流動利回り
bond conversion	債券轉換	さいけんかりか 債券借替え
bond flotation market	債券發行市場	きさいしじょう 起債市場
bond futures market	債券期貨市場	さいけんさきものしじょう 債券先物市場
bond investment trust	債券投資信託	こうしゃさいとうししんたく 公社債投資信託
bond market	債券市場	さいけんしじょう 債券市場
bond rating	債券評級	さいけんかくづ 債券格付け
bond repurchase dealing	債券買回交易	げんさきとりひき 現先取引
bond yield	債券收益率	しゃさいりまわ 社債利回り
bonded goods	保稅貨物	ほぜいかもつ 保税貨物
bonded warehouse	保稅倉庫	ほぜいそうこ 保税倉庫
bonus	紅利、獎金	しょうよ 賞与

book value	帳面價值	帳簿価格 <small>ちょう ぼ か かく</small>
booking	訂艙	ブッキング
booking note	訂艙單	船荷契約記録帳 <small>ふな に けいやく き ろくちょう</small>
bookkeeping	簿記	簿記 <small>ぼ き</small>
boom	繁榮、興隆、暢銷	好景気 <small>こうけい き</small>
(to) boost up	推動、鼓動	あおる(v)
borrow	借入	借り入れ <small>か い</small>
borrowed money	借款	借入金 <small>かりいれきん</small>
borrowing and lending	借貸	貸借 <small>たいしゃく</small>
bottom	最低價	底値 <small>そこ ね</small>
bottom out	(價格)跌到底回升	底入れ <small>そこ い</small>
bought book, bought journal	購貨帳	商品仕入帳 <small>しょうひん し いれちょう</small>
brain drain	流失人材	頭脳流出 <small>ず のうりゅうしゅつ</small>
branch	支店、分行、分公司	支社、支店 <small>し しゃ し てん</small>
branch office	支店、分支機構	支店、出張所 <small>し てん しゅっちょうじょ</small>
brand	商標名	商標、ブランド <small>しょうひょう</small>
brand	火印	焼印 <small>やきいん</small>
brand name	知名廠牌、商標、牌號	銘柄 <small>めいがら</small>
branded goods	名牌貨	ブランド品、メーカー品 <small>ひん ひん</small>
breach of contract	違反合約、違約	契約違反 <small>けいやく い はん</small>
breach of contract, default	違約	違約 <small>い やく</small>

break-even point	損益兩平點	損益分岐点（そんえきぶんきてん）
break-even point	收支相抵點	採算点（さいさんてん）
bring forward (to)	轉下期	繰越（くりこし）
broken	破裂、破損	破損（はそん）
broker	掮客、經紀商、經紀人	ブローカー、仲買人（なかがいにん）
brokerage commission	佣金手續費	委託手数料（いたくてすうりょう）
budget	預算	予算（よさん）
bulk buying	大量訂購	大量買付け（たいりょうかいつけ）
bulk cargo, cargo in bulk	散裝	ばら荷（に）
bull market	買氣很強、牛市	買い相場（かいそうば）
bullion	金塊、黃金	地金（じがね）
bullish	牛市、看漲、看好	強気（つよき）
bureaucrat	官僚	官僚（かんりょう）
business	商業、營業	商業、営業、業務（しょうぎょう、えいぎょう、ぎょうむ）
business activities	事業內容、活動	事業活動、業務内容（じぎょうかつどう、ぎょうむないよう）
business analysis	商業分析	経営分析（けいえいぶんせき）
business barometer	景氣指標	景気指標（けいきしひょう）
business base	營業基盤、立足點	営業基盤（えいぎょうきばん）
business card	名片	名刺（めいし）
business connections	業務關係、商務關係	取引関係（とりひきかんけい）
business content	營業內容	業務内容、業容（ぎょうむないよう、ぎょうよう）

21

business credit	商業信貸	<ruby>取引信用<rt>とりひきしんよう</rt></ruby>
business cycle	景氣循環	<ruby>景気循環<rt>けいきじゅんかん</rt></ruby>
business depression	業績衰退	<ruby>業績不振<rt>ぎょうせきふしん</rt></ruby>
Business English	商業英語	<ruby>商業英語<rt>しょうぎょうえいご</rt></ruby>
business failure	破産	<ruby>倒産<rt>とうさん</rt></ruby>
business fluctuation	景氣變化	<ruby>景気変動<rt>けいきへんどう</rt></ruby>
business forecasting	景氣預測	<ruby>景気予測<rt>けいきよそく</rt></ruby>
business guide	營業說明	<ruby>営業案内<rt>えいぎょうあんない</rt></ruby>
business hours	營業時間	<ruby>営業時間<rt>えいぎょうじかん</rt></ruby>
business letters	商業書信	<ruby>商業通信文<rt>しょうぎょうつうしんぶん</rt></ruby>
business license	營業執照	<ruby>営業許可、営業認可<rt>えいぎょうきょか、えいぎょうにんか</rt></ruby>
business negotiations	商談	<ruby>商談<rt>しょうだん</rt></ruby>
business report	營業報告書	<ruby>営業報告書<rt>えいぎょうほうこくしょ</rt></ruby>
business result	業務成績	<ruby>業績<rt>ぎょうせき</rt></ruby>
business setback	景氣衰退	<ruby>景気後退<rt>けいきこうたい</rt></ruby>
business situation	經營狀態	<ruby>経営状態<rt>けいえいじょうたい</rt></ruby>
business strategy	經營策略	<ruby>経営戦略<rt>けいえいせんりゃく</rt></ruby>
business tie-up	策略連盟	<ruby>業務提携<rt>ぎょうむていけい</rt></ruby>
business trip	出差	<ruby>出張<rt>しゅっちょう</rt></ruby>
business world	業界	<ruby>業界<rt>ぎょうかい</rt></ruby>
businessman	商人、經營者、企業家	<ruby>実業家、事業家<rt>じつぎょうか、じぎょうか</rt></ruby>

buyer, vendee	買方、買家、買主	買い手、買主、バイヤー
buyer's market	對買方有利的市場、(供過於求)買方市場	買い手市場
buyer's monopoly	大量收購存貨	買占め
buying and/or selling	買賣	売買
buying on reaction	低買	おしめ買い
buying power	購買力	購買力
buying support	買方支撐	買支え
buyout	買下… 全部產權	買収

C

cable credit	電開信用狀	ケーブル・クレジット
(to) calculate	計算	計算 (けいさん)
call market	(同業短期)拆借市場	コール市場 (しじょう)
call rate	拆借利率	コール・レート
cancel	撤銷、註銷	キャンセル
cancellation	取消	取消 (とりけし)
cancellation fee	註銷費	取消料 (とりけしりょう)
cancellation money	撤銷費	解約金 (かいやくきん)
cancellation of contract	撤銷合同、撤約	解約 (かいやく)
canceling clause	撤銷條款	解約条項 (かいやくじょうこう)
capital	資本	資本、資本金 (しほん しほんきん)
capital and liabilities Ratio	資本負債比率	資本負債率 (しほんふさいりつ)
capital budget	資本預算	固定支出予算 (こていししゅつよさん)
capital composition	資本構成	資本構成 (しほんこうせい)
capital cooperation	資本合作	資本提携 (しほんていけい)
capital expenditure	資本開支	資本支出 (しほんししゅつ)
capital flight	資本逃離	資本逃避 (しほんとうひ)

capital gain	資本利得	有価証券譲渡益、キャピタルゲイン 株売却益、売買差益
capital goods	資本財貨	資本財
capital increase	増資	増資
capital increase standard	増資標準	増資基準
capital inflow	資本流入	資金流入
capital investment	資本投資	資本投資
capital loss	資本損失	資本損失、売買差損
capital market	資本市場	資本市場
capital note	借入資本票據	資本借入手形
capital position	資金水位	資金ポジション
capital reserves	資本儲備	資本準備金
capital source	資本來源	資金源
capital stock	股本	資本金
capital structure	資本構成	資本構成
capital tie-up	資本合作	資本提携
capitalism	資本主義	資本主義
capitalist	資本家	資本家
capitalization amount	資金量	資金量
cargo	貨物	貨物
cargo expense	貨物費用	貨物費用

cargo inspection	驗貨	貨物検査
cargo no.	貨號	貨物番号
cargo receipt	貨物收據	船積荷物受取書
carriage by sea	海運	海上運送
carrier	運輸業者	運送人、運送業者
carry back (to)	回到上頁	繰り戻し
carry forward (to)	結轉(到下頁)	繰り越し
cartel	同業聯合壟斷	カルテル
carton	紙板箱、紙箱	ボール箱、カートン
case packing cargo	箱裝貨	箱詰貨物
cash	現款、現金	現金
cash account	現金帳目	現金勘定
cash against B/L (CAB)	憑提單付現	船荷証券引換払
cash balance	現金餘額	現金残高
cash before delivery	交貨前付款	受渡前金払い
cash discount	現金折扣	現金割引
cash flow	現金流動	キャッシュフロー
cash on arrival	貨到付現	着荷払い
cash on delivery	貨到付款	代金引換
cash on hand	庫存現金	手元現金

cash on shipment, cash against documents at place and time of shipment

	裝船付款	船積払い （ふなづみばら）
cash payment	現金付款	現金払い （げんきんばら）
cash sale	求現廉售、現金銷售	現金販売 （げんきんはんばい）
cash settlement	現金結算	現金決済 （げんきんけっさい）
cash transaction	現金交易	現金取引 （げんきんとりひき）
cash value	現金價值	金銭価値 （きんせんかち）
cash with order	訂貨付現、訂貨付款	現金注文、注文払い （げんきんちゅうもん、ちゅうもんばら）
cash-and-carry wholesaler	現金批發	現金問屋 （げんきんどんや）
cashier	出納課	出納係 （すいとうがかり）
casing	裝箱費	包装費 （ほうそうひ）
cask	木桶	樽 （たる）
casualty insurance	意外傷亡保險	災害保険 （さいがいほけん）
catalog (catalogue)	商品目錄	カタログ
caution money	保證金、押金	敷金 （しききん）
CD-cash dispenser	自動提款機	預金自動支払機 （よきんじどうしはらいき）
CD-certificate of deposit	可轉讓存款証	譲渡性預金 （じょうとせいよきん）
CD-market	CD 市場	シーディー市場 （しじょう）
ceiling price	最高限價	最高価格 （さいこうかかく）
central bank	中央銀行	中央銀行 （ちゅうおうぎんこう）

Central Bank for Commercial and Industrial Cooperatives

(日本)商工組合中央金庫　商工組合中央金庫 <ruby>商工組合中央金庫<rt>しょうこうくみあいちゅうおうきんこ</rt></ruby>

Central Cooperative Bank for Agriculture and Forestry

(日本)農林中央金庫　<ruby>農林中央金庫<rt>のうりんちゅうおうきんこ</rt></ruby>

certificate	証明書、執照、証書、股票	<ruby>証明書<rt>しょうめいしょ</rt></ruby>、<ruby>許可証<rt>きょかしょう</rt></ruby>、<ruby>証書<rt>しょうしょ</rt></ruby>、<ruby>株券<rt>かぶけん</rt></ruby>
certificate of export duty	出口免税證書	<ruby>輸出免税許可証<rt>ゆしゅつめんぜいきょかしょう</rt></ruby>
certificate of importation	進口證書	<ruby>輸入証明書<rt>ゆにゅうしょうめいしょ</rt></ruby>
certificate of incorporation	公司執照、公司登記證書	<ruby>法人設立認可証<rt>ほうじんせつりつにんかしょう</rt></ruby>
certificate of quality	品質保證書	<ruby>品質保証書<rt>ひんしつほしょうしょ</rt></ruby>
certified check	保證支票	<ruby>保証小切手<rt>ほしょうこぎって</rt></ruby>
Certified Public Accountant-CPA	會計師	<ruby>公認会計士<rt>こうにんかいけいし</rt></ruby>
chain stores	連銷商店、聯號商店	チェーン・ストア
chairman of the board	董事長	<ruby>取締役会長<rt>とりしまりやくかいちょう</rt></ruby>
chamber of commerce	商會	<ruby>商工会議所<rt>しょうこうかいぎしょ</rt></ruby>
Chamber of Commerce and Industry	(日本)商工會議所	<ruby>商工会議所<rt>しょうこうかいぎしょ</rt></ruby>
channel	銷售管道	<ruby>経路<rt>けいろ</rt></ruby>
channel of distribution	流通管道	<ruby>流通経路<rt>りゅうつうけいろ</rt></ruby>
charge	收費	<ruby>請求<rt>せいきゅう</rt></ruby>
charges	費用、索價	<ruby>料金<rt>りょうきん</rt></ruby>
charges collect	費用到付、費用向收貨人索取	<ruby>諸掛り後払い<rt>しょがかあとばら</rt></ruby>、<ruby>諸掛り向持<rt>しょがかむこうもち</rt></ruby>
charges prepaid	預付費用	<ruby>諸掛り支払済<rt>しょがかしはらいずみ</rt></ruby>

chart of accounts	會計科目	勘定科目表
charter	包機(船)	傭船契約、チャーター
chartering broker	租船經紀人	甲種海運仲立人(甲仲)
cheap (Yen), (Yen) slump	貶值(日元)	円安
check balance	對帳	残金照合
check stub	支票存根	小切手控え
check to order	指定人支票、記名支票	持参人払い小切手、記名式小切手
check, cheque, check(s)	支票	小切手
checking account	(活期)支票存款	当座預金
chief executive officer-CEO	最高經營決策者	最高経営責任者
choice goods	上等品	精選品
CI-corporate identity	公司識別系統(CI)	シーアイ
CIF duties paid	成本、保險費、運費加關稅價	輸入税込CIF値段
CIF free in and out	成本加保險費、運費、由貨方負擔條件價格	運賃保険料込・積卸費荷主負担条件値段
circulation	流動	流動
(the) City [London Financial Center]	倫敦金融中心	シティー
city bank	都市銀行	都市銀行
civil demand	民間需求	民需
claim	索賠、賠償金、債權	損害保証請求、支払請求、債権、クレーム

29

classification	分類、級別	<ruby>分類<rt>ぶんるい</rt></ruby>
clean B/L	清潔提單	<ruby>無故障船荷証券<rt>む こ しょうふな に しょうけん</rt></ruby>
clean shipped B/L, clean on board B/L		
	清潔已裝運提單	<ruby>無故障船積船荷証券<rt>む こ しょうふなづみふな に しょうけん</rt></ruby>
clearance	出清庫存、通關手續	<ruby>在庫一掃、通関手続き<rt>ざい こ いっそう つうかん て つづ</rt></ruby>
clearance price	出清價格	<ruby>処分価格<rt>しょぶん か かく</rt></ruby>
cleared	付清	<ruby>支払済<rt>し はらいずみ</rt></ruby>
clearing	支票交換	<ruby>手形交換<rt>て がたこうかん</rt></ruby>
client, customer	客戶、顧客	<ruby>得意先、顧客、取引先<rt>とく い さき こきゃく とりひきさき</rt></ruby>
closed higher	最高價收盤	<ruby>高値引け<rt>たか ね び</rt></ruby>
closed lower	最低價收盤	<ruby>安値引け<rt>やす ね び</rt></ruby>
closed-end fund	封閉型基金	<ruby>閉鎖型投資信託<rt>へい さ がたとう し しんたく</rt></ruby>
closing	收盤、截止	<ruby>引け、大引け、締切り<rt>ひ おお び しめ き</rt></ruby>
closing price	收盤價	<ruby>終値<rt>おわり ね</rt></ruby>
closing time, deadline	截止時間	<ruby>締切時間<rt>しめきり じ かん</rt></ruby>
COCOM- Coordinating for Export Communist Areas		
	對共產國家輸出限制	ココム
code	認證密碼	<ruby>暗証番号<rt>あんしょうばんごう</rt></ruby>
coin	硬幣	<ruby>硬貨<rt>こう か</rt></ruby>
collapse	(市場、股市)崩盤	ガラ
collateral	擔保、抵押	<ruby>担保<rt>たん ぽ</rt></ruby>
collateral goods	擔保品	<ruby>担保品<rt>たん ぽ ひん</rt></ruby>

colleague	同事	同僚
collect call	對方付費電話	受信人払い電話
collection	託收	(代金)取立
collection bank	託收銀行	代金取立銀行
collective bargaining	團體交涉	団体交渉
collective control system	聯合管理體制	集団管理体制
color sample	色標	色見本
commerce	商業、貿易	商業
commercial bank	商業銀行	商業銀行
commercial bill	商業匯票、商業票據	商業手形
commercial credit	商業信貸、商業信用	商業信用
commercial invoices	商業發票	商業送り状
commercial paper	商業票據、商業文件	商業手形、コマーシャルペーパー
commercial practice	商業慣例	商慣習
commission	手續費、委任、委託、佣金	手数料、委任、委託、コミッション
commission agent	經紀人、佣金代理商	問屋業者
commission business	佣金代理業、經紀業	問屋業
commission charges	手續費	手数料
commission on remittance	匯款手續費	送金手数料
commission system	佣金制	歩合制

commitment	承諾、保証、未履行契約債務	みりこうけいやくさいむ 未履行契約債務
commitment fee	履約手續費	かくやくてすうりょう 確約手数料
committee	委員會、管理人	いいんかい じゅたくしゃ かんざいにん 委員会、受託者、管財人
commodities fair, trade fair	商品展覽會	みほんいち 見本市
commodity	商品、標準大宗商品	しょうひん 商品
commodity futures	商品期貨	しょうひんさきもの 商品先物
commodity name	商品名	しょうひんめい 商品名
commodity prices	物價	ぶっか 物価
commodity tax	商品稅	ぶっぴんぜい 物品税
common market	共同市場	きょうどうしじょう 共同市場
common stock	普通股	ふつうかぶ 普通株
communication	通訊、傳達	でんたつ つうしん 伝達、通信
commuting allowance	交通費	つうきんてあて 通勤手当
company	公司、商行	かいしゃ しょうしゃ 会社、商社
company earnings	公司收益	きぎょうしゅうえき 企業収益
company seal	公司章	しゃいん 社印
compatible	可互換、共用	ごかんせい 互換性のある
compensation	賠償補助、補償	ほしょう ばいしょう 補償、賠償
competition	競爭	きょうそう 競争
competitive bidding	競標、公開招標	きょうそうにゅうさつ 競争入札

competitive strength	競爭力	きょうそうりょく 競争力
competitor	競爭對手	きょうそうあいて 競争相手
complaint	投訴、申訴、客戶抱怨	くじょう 苦情
complete set	一式、整套、成套	いっしき ひとそろ 一式、一揃い
composite index	綜合指數	そうごうしすう 総合指数
compound interest	複利	ふくり 複利
comprehensive	包括、綜合	ほうかつてき 包括的
compulsory execution	強制執行	きょうせいしっこう 強制執行
(to) compute from a date	自…日起算	きさん 起算
computed price	核定價格	さんていかかく 算定価格
computer	電腦	コンピューター
computer program	電腦程式	コンピューター プログラム
conditions	條件、狀況	じょうけん じょうきょう 条件、状況
conference	同盟、協議、協商	きょうぎ かいぎ だんごう 協議、会議、談合
confidence	信用	しんよう 信用
confirmation	確認	かくにん 確認
confirming bank	保兌銀行	しんようじょうかくにんぎんこう 信用状確認銀行
conglomerate	集團企業、聯合企業	ふくごうきぎょう コングロマリット、複合企業
consignee	收貨人	しむけにん にうけにん 仕向人、荷受人
consignee's order B/L	指示收貨人提單	にうけにんししじしきふなにしょうけん 荷受人指示式船荷証券
consignment	託運、寄售	いたく 委託
consignment insurance	收貨人保險	にうけにんほけん 荷受人保険

33

consignment sale	寄賣	委託販売
consignor, shipper	發貨人、託運人	荷送人
consolidated financial statement	合併財務報表	連結財務諸表
consolidated settlement	合併決算	連結決算
consortium	借款團	借款団
construction bonds	建設公債	建設国債
consultation	商議、圍標	相談、談合
consumables	消耗品	消耗品
consumer	消費者、顧客	消費者
consumer behavior	消費者行為	消費行動
consumer credit	消費信貸	消費信用
consumer goods	消費品、消費財	消費財
consumer price index	消費者物價指數	消費者物価指数
consumer prices	消費者物價	消費者物価
consumer protection	消費者保護	消費者保護
consumption	消費、消耗(量)	消費
consumption tax	消費稅	消費税
container	貨櫃	コンテナー
container B/L	貨櫃提單	コンテナー積船荷証券
container cargo	貨櫃貨物	コンテナー貨物
container freight station (CFS)	貨櫃貨運站	コンテナー・フレート・ステーション

container service charge	貨櫃服務費	コンテナー・サービス・チャージ
container yard	貨櫃場	コンテナー・ヤード
contingency	意外事故	偶発事故
contingent gains	或有盈利	偶発利益
contingent losses	或有損失	偶発損益
continuous session	連續交易時間	ザラバ
contraband goods	違禁品、走私貨	密輸品
contract	契約、合同	契約
contract sheet	契約書	契約書
contractor	訂約人、承包商、承造商	契約先、工事請負人
contributed capital	分攤資本	拠出資本
contribution	出資	出資金
control	管制、控制、統制	抑制、規制、管理
controlled price	管制價格	統制価格
conversion	匯兌、換算、兌換、折合	換算
convertible bond /debenture	可轉換公司債	転換社債
convertible stock	可轉換証券	転換株式
conveyance	運輸工具、搬運、運輸期間	運搬、運送、通運期間
cooperative	合作社	協同組合
cooperative association	(日本)生活合作社	生活協同組合
coordinated intervention	協調介入	協調介入

coordination	統籌、協調	<ruby>調整<rt>ちょうせい</rt></ruby>
copy	副本、影印本	<ruby>写<rt>うつ</rt></ruby>し（コピー）
copyright	著作權	<ruby>著作権<rt>ちょさくけん</rt></ruby>
copywriter	文案作者	<ruby>広告文案作成者<rt>こうこくぶんあんさくせいしゃ</rt></ruby>、コピーライター
corporate and government securities		
	公債、公司債	<ruby>公社債<rt>こうしゃさい</rt></ruby>
corporate bonds, debenture	公司債券	<ruby>社債<rt>しゃさい</rt></ruby>
corporate culture	公司文化	<ruby>社風<rt>しゃふう</rt></ruby>
corporate finance	承作(証券、公司財務)	<ruby>引受<rt>ひきうけ</rt></ruby>
corporate income	公司營收	<ruby>法人所得<rt>ほうじんしょとく</rt></ruby>
corporate income tax	公司稅	<ruby>法人税<rt>ほうじんぜい</rt></ruby>
corporation	股份有限公司、法人	<ruby>株式会社<rt>かぶしきがいしゃ</rt></ruby>、<ruby>法人<rt>ほうじん</rt></ruby>
corporation paper	商業票據	<ruby>商業手形<rt>しょうぎょうてがた</rt></ruby>
Corporation Reorganization Law	(日本)公司重整法	<ruby>会社更生法<rt>かいしゃこうせいほう</rt></ruby>
correction	上漲後(回落)、訂正	<ruby>訂正<rt>ていせい</rt></ruby>
correspondence	文書、通訊	<ruby>書簡<rt>しょかん</rt></ruby>、<ruby>通信<rt>つうしん</rt></ruby>
correspondent	往來	<ruby>取引先<rt>とりひきさき</rt></ruby>
correspondent bank	代理銀行、	<ruby>取引銀行<rt>とりひきぎんこう</rt></ruby>、
	往來銀行	コルレス<ruby>承認銀行<rt>しょうにんぎんこう</rt></ruby>
correspondent, customer, client	客戶、顧客	<ruby>取引先<rt>とりひきさき</rt></ruby>
corrugated board case	瓦楞紙板箱	<ruby>段<rt>だん</rt></ruby>ボール<ruby>箱<rt>ばこ</rt></ruby>
cost	成本	<ruby>原価<rt>げんか</rt></ruby>、<ruby>費用<rt>ひよう</rt></ruby>

cost accounting	成本會計	<ruby>原<rt>げん</rt></ruby><ruby>価<rt>か</rt></ruby><ruby>会<rt>かい</rt></ruby><ruby>計<rt>けい</rt></ruby>
cost analysis	成本分析	<ruby>原<rt>げん</rt></ruby><ruby>価<rt>か</rt></ruby><ruby>計<rt>けい</rt></ruby><ruby>算<rt>さん</rt></ruby>
cost control	成本控制	<ruby>原<rt>げん</rt></ruby><ruby>価<rt>か</rt></ruby><ruby>管<rt>かん</rt></ruby><ruby>理<rt>り</rt></ruby>
cost of living	生活費用	<ruby>生<rt>せい</rt></ruby><ruby>活<rt>かつ</rt></ruby><ruby>費<rt>ひ</rt></ruby>
cost of production	生產成本	<ruby>製<rt>せい</rt></ruby><ruby>造<rt>ぞう</rt></ruby><ruby>原<rt>げん</rt></ruby><ruby>価<rt>か</rt></ruby>、<ruby>生<rt>せい</rt></ruby><ruby>産<rt>さん</rt></ruby><ruby>原<rt>げん</rt></ruby><ruby>価<rt>か</rt></ruby>
cost of sales	銷貨成本	<ruby>売<rt>うり</rt></ruby><ruby>上<rt>あげ</rt></ruby><ruby>原<rt>げん</rt></ruby><ruby>価<rt>か</rt></ruby>
cost price	成本價格、原價	<ruby>原<rt>げん</rt></ruby><ruby>価<rt>か</rt></ruby>

cost, insurance, freight and interest (CIF&I)

成本、保險費、運費加利息價　<ruby>運<rt>うん</rt></ruby><ruby>賃<rt>ちん</rt></ruby><ruby>保<rt>ほ</rt></ruby><ruby>険<rt>けん</rt></ruby><ruby>料<rt>りょう</rt></ruby><ruby>及<rt>およ</rt></ruby>び<ruby>利<rt>り</rt></ruby><ruby>息<rt>そく</rt></ruby><ruby>込<rt>こみ</rt></ruby><ruby>値<rt>ね</rt></ruby><ruby>段<rt>だん</rt></ruby>

cost, insurance, freight and war risks (CIF&W)

成本、保險費、運費加戰爭險價　<ruby>運<rt>うん</rt></ruby><ruby>賃<rt>ちん</rt></ruby><ruby>保<rt>ほ</rt></ruby><ruby>険<rt>けん</rt></ruby><ruby>料<rt>りょう</rt></ruby><ruby>及<rt>およ</rt></ruby>び<ruby>戦<rt>せん</rt></ruby><ruby>争<rt>そう</rt></ruby><ruby>保<rt>ほ</rt></ruby><ruby>険<rt>けん</rt></ruby><ruby>込<rt>こみ</rt></ruby><ruby>値<rt>ね</rt></ruby><ruby>段<rt>だん</rt></ruby>

cost, insurance, freight by plane (CIF plane)

成本、保險費、加空運費價　<ruby>運<rt>うん</rt></ruby><ruby>賃<rt>ちん</rt></ruby><ruby>保<rt>ほ</rt></ruby><ruby>険<rt>けん</rt></ruby><ruby>料<rt>りょう</rt></ruby><ruby>及<rt>およ</rt></ruby>び<ruby>航<rt>こう</rt></ruby><ruby>空<rt>くう</rt></ruby><ruby>貨<rt>か</rt></ruby><ruby>物<rt>もつ</rt></ruby><ruby>料<rt>りょう</rt></ruby><ruby>金<rt>きん</rt></ruby><ruby>込<rt>こみ</rt></ruby><ruby>値<rt>ね</rt></ruby><ruby>段<rt>だん</rt></ruby>

cost, insurance, freight cleared (CIF cleared)

成本、保險費、運費加結關費價　<ruby>運<rt>うん</rt></ruby><ruby>賃<rt>ちん</rt></ruby><ruby>保<rt>ほ</rt></ruby><ruby>険<rt>けん</rt></ruby><ruby>料<rt>りょう</rt></ruby><ruby>及<rt>およ</rt></ruby>び<ruby>手<rt>て</rt></ruby><ruby>数<rt>すう</rt></ruby><ruby>料<rt>りょう</rt></ruby><ruby>込<rt>こみ</rt></ruby><ruby>値<rt>ね</rt></ruby><ruby>段<rt>だん</rt></ruby>

cost, insurance, freight ex ship's hold (CIF ex ship hold)

成本、保險費、運費至輪倉底交貨價　<ruby>運<rt>うん</rt></ruby><ruby>賃<rt>ちん</rt></ruby><ruby>保<rt>ほ</rt></ruby><ruby>険<rt>けん</rt></ruby><ruby>料<rt>りょう</rt></ruby><ruby>込<rt>こみ</rt></ruby><ruby>本<rt>ほん</rt></ruby><ruby>船<rt>せん</rt></ruby><ruby>船<rt>せん</rt></ruby><ruby>倉<rt>そう</rt></ruby><ruby>渡<rt>わたし</rt></ruby><ruby>値<rt>ね</rt></ruby><ruby>段<rt>だん</rt></ruby>

cost, insurance, freight landed terms (CIF landed terms)

成本、保險費、運費加卸貨費　<ruby>運<rt>うん</rt></ruby><ruby>賃<rt>ちん</rt></ruby><ruby>保<rt>ほ</rt></ruby><ruby>険<rt>けん</rt></ruby><ruby>料<rt>りょう</rt></ruby><ruby>及<rt>およ</rt></ruby>び<ruby>陸<rt>りく</rt></ruby><ruby>揚<rt>あげ</rt></ruby><ruby>費<rt>ひ</rt></ruby><ruby>込<rt>こみ</rt></ruby><ruby>値<rt>ね</rt></ruby><ruby>段<rt>だん</rt></ruby>

cost, insurance, freight , commission and interest (CIF C & I)

成本、保險費、運費加佣金和利息　<ruby>運<rt>うん</rt></ruby><ruby>賃<rt>ちん</rt></ruby><ruby>保<rt>ほ</rt></ruby><ruby>険<rt>けん</rt></ruby><ruby>料<rt>りょう</rt></ruby><ruby>手<rt>て</rt></ruby><ruby>数<rt>すう</rt></ruby><ruby>料<rt>りょう</rt></ruby><ruby>及<rt>およ</rt></ruby>び<ruby>利<rt>り</rt></ruby><ruby>息<rt>そく</rt></ruby><ruby>込<rt>こみ</rt></ruby><ruby>値<rt>ね</rt></ruby><ruby>段<rt>だん</rt></ruby>

cost, insurance, freight and commission (CIF&C)

成本、保險費、運費加佣金　<ruby>運<rt>うん</rt></ruby><ruby>賃<rt>ちん</rt></ruby><ruby>保<rt>ほ</rt></ruby><ruby>険<rt>けん</rt></ruby><ruby>料<rt>りょう</rt></ruby><ruby>及<rt>およ</rt></ruby>び<ruby>手<rt>て</rt></ruby><ruby>数<rt>すう</rt></ruby><ruby>料<rt>りょう</rt></ruby><ruby>値<rt>ね</rt></ruby><ruby>段<rt>だん</rt></ruby>

cost, insurance, freight and exchange (CIF&E)

成本、保險費、加匯費價　<ruby>運<rt>うん</rt></ruby><ruby>賃<rt>ちん</rt></ruby><ruby>保<rt>ほ</rt></ruby><ruby>険<rt>けん</rt></ruby><ruby>料<rt>りょう</rt></ruby><ruby>及<rt>およ</rt></ruby>び<ruby>為<rt>かわ</rt></ruby><ruby>替<rt>せ</rt></ruby><ruby>費<rt>ひ</rt></ruby><ruby>用<rt>よう</rt></ruby><ruby>込<rt>こみ</rt></ruby><ruby>値<rt>ね</rt></ruby><ruby>段<rt>だん</rt></ruby>

cost, insurance, freight liner terms (CIF liner terms)
按班輪裝卸條件的成本、保險費、運費加利息
運賃保険料込・積卸費荷主負担条件値段

cost-push inflation　成本通脹(成本增加導致的通貨膨脹)コストインフレ

cost-recovering	收回成本	原価回収
counter measures	對策	対策
counter offer	還價、回報訂單	カウンター・オファー
counter balance	互抵	相殺
country of origin	原產國、貨物原產國	原産国、生産国
country risk	國家風險	カントリーリスク
country with deficit	逆差國家	赤字国
country with surplus	順差國家	黒字国
coupon	息券、贈券、優待券	利札
coupon bank debenture	附息金融債	利付き金融債
coupon bond	附息票債券	利付債
courier service	宅配、專遞貨運	宅配便
coverage	涵蓋範圍、保險額	負担能力
crash	(市價)狂瀉、大跌、崩盤	崩壊、暴落、ガラ
credit	賒帳、信用、貸方債權	貸し金、信用、貸方債権
credit association	信用合作社	信用金庫
credit balance	貸方結餘	預金残高
credit card	信用卡	クレジットカード

credit cooperative	信用合作社	しんようくみあい 信用組合
credit expansion	信用擴張	しんようかくちょう 信用拡張
credit inquiry	徵信	しんようちょうさ 信用調査
credit limit/line	信貸限額/信用額度	かしつけげんどがく 貸付限度額
credit loan	信用貸款	しんようが 信用貸し
credit rating	信用評級、信用評等	しんようかくづ 信用格付け
credit references	信用備諮	しんようしょうかいさき 信用照会先
credit sales	賒售、信用銷售	しんようはんばい かけう 信用販売、掛売り
credit terms	信貸條件、信用狀條件	しはらいじょうけん 支払条件
creditor	債權人	さいけんしゃ 債権者
creditor nation	債權國	さいけんこく 債権国
crisis	恐慌	きょうこう 恐慌
cross off (to)	消帳	ちょうけ 帳消し
crossed check	劃線支票	よこせんこぎって せんびきこぎって 横線小切手、線引小切手
crossing	劃線	せんび 線引き
cultivation of market	開拓銷路	はんろかいたく 販路開拓
cumulative debtor nation	累積債務國家	るいせきさいむこく 累積債務国
cumulative deficit	累積赤字	るいせきあかじ 累積赤字
cumulative total, aggregate	累計、共計	るいけい 累計
currency	貨幣、通貨	つうか 通貨
currency conversion	貨幣轉換	つうかきりか 通貨切替え

currency futures	外匯期貨	<ruby>為替<rt>かわせ</rt></ruby><ruby>先物<rt>さきもの</rt></ruby>
currency inflation	貨幣通膨	<ruby>通貨<rt>つうか</rt></ruby>インフレ
currency swap	貨幣互惠信貸	<ruby>通貨<rt>つうか</rt></ruby>の<ruby>交換<rt>こうかん</rt></ruby>
current assets	流動資產	<ruby>流動資産<rt>りゅうどうしさん</rt></ruby>
current domestic value	現行國內價格	<ruby>現行国内価格<rt>げんこうこくないかかく</rt></ruby>
current liabilities	流動負債	<ruby>流動負債<rt>りゅうどうふさい</rt></ruby>、<ruby>短期負債<rt>たんきふさい</rt></ruby>
current price	市價、時價、現價	<ruby>時価<rt>じか</rt></ruby>
current transaction	流動交易	<ruby>経常取引<rt>けいじょうとりひき</rt></ruby>
curtail	削減	<ruby>削減<rt>さくげん</rt></ruby>
custody B/L	存棧提單	カスタディ・ビーエル
customer	顧客、客戶	<ruby>顧客<rt>こきゃく</rt></ruby>
customer relations	顧客關係	<ruby>得意先業務<rt>とくいさきぎょうむ</rt></ruby>
customs	海關	<ruby>税関<rt>ぜいかん</rt></ruby>
customs basis	海關通關實績	<ruby>通関実績<rt>つうかんじっせき</rt></ruby>
customs broker	報關行、報關代理人	<ruby>通関業者<rt>つうかんぎょうしゃ</rt></ruby>、カスタムズ・ブローカー
customs certificate	海關憑證	<ruby>税関証明書<rt>ぜいかんしょうめいしょ</rt></ruby>
customs check, customs inspection	驗關、海關檢查	<ruby>税関検査<rt>ぜいかんけんさ</rt></ruby>
customs clearing charges	報關費	<ruby>税関諸掛<rt>ぜいかんしょがかり</rt></ruby>
customs declaration (C.D.) Bill of entry	報關單	<ruby>税関申請<rt>ぜいかんしんせい</rt></ruby>(<ruby>書<rt>しょ</rt></ruby>)
customs duty	關稅	<ruby>関税<rt>かんぜい</rt></ruby>

customs entry	報關進口手續	輸入通関手続
customs entry charges	進口報關費	輸入通関費用
customs formalities, customs procedures		
	海關手續、報關費	通関手続、通関費用
customs, customs house	海關	税関
customs invoice	報關發票	通関用送り状、 カスタムズ・インボイス
customs permit	報關許可證明書	通関許可書
customs procedure	報關手續	税関手続
customs regulation	海關規章、海關條例	通関規制
customs warehouse	海關倉庫	税関倉庫
cut, to lower	下降	引き下げ
cut-off date	截止日期	締切日

D

daily output	日産量	<ruby>日産<rt>にっさん</rt></ruby>
daily pay	日薪	<ruby>日給<rt>にっきゅう</rt></ruby>
damage	受損貨物	<ruby>損害<rt>そんがい</rt></ruby>、<ruby>損傷<rt>そんしょう</rt></ruby>
damaged goods	損失品、毀損品	<ruby>破損品<rt>はそんひん</rt></ruby>
damp proofing	防潮	<ruby>防湿<rt>ぼうしつ</rt></ruby>
data	數據、資料	<ruby>資料<rt>しりょう</rt></ruby>
data bank	數據資料庫	データバンク
data base	數據資料庫	データベース
data processing	資料處理、數據處理	<ruby>情報処理<rt>じょうほうしょり</rt></ruby>
date	到期日	<ruby>日付<rt>ひづけ</rt></ruby>、<ruby>期日<rt>きじつ</rt></ruby>
date of delivery	交貨日期	<ruby>受渡日<rt>うけわたしび</rt></ruby>、<ruby>貨物引渡日<rt>かもつひきわたしび</rt></ruby>
date of maturity	票據到期日	(<ruby>手形<rt>てがた</rt></ruby>)<ruby>満期<rt>まんき</rt></ruby>の<ruby>日付<rt>ひづけ</rt></ruby>
date of payment	支付日期	<ruby>支払期日<rt>しはらいきじつ</rt></ruby>
day-to-day loan	按日放款	<ruby>翌日物<rt>よくじつもの</rt></ruby>
dead loss	完全虧損、純損	<ruby>丸損<rt>まるぞん</rt></ruby>
dead stock(s)	滯銷貨	<ruby>売残り品<rt>うれのこひん</rt></ruby>、<ruby>滞貨<rt>たいか</rt></ruby>
deadline	截止日、期限	<ruby>期限<rt>きげん</rt></ruby>
(to) deal with	處理	<ruby>処理<rt>しょり</rt></ruby>、<ruby>取り扱う<rt>とりあつか</rt></ruby>(v)

dealer	代銷商經紀商、 商人、証券商	ディーラー
dealing	交易	取引 <small>とりひき</small>
debenture	信用債券、 海關退稅單	社債 <small>しゃさい</small>
debenture trading market	信用債券市場	社債流通市場 <small>しゃさいりゅうつうしじょう</small>
debit	借、借項、借方	借方 <small>かりかた</small>
debit and credit	借貸	貸借 <small>たいしゃく</small>
debt	欠款、債務	債務、負債 <small>さいむ ふさい</small>
debt crisis	債務危機	債務危機 <small>さいむきき</small>
debt in bills	支票債務	手形債務 <small>てがたさいむ</small>
debt ratio	負債比率	負債比率 <small>ふさいひりつ</small>
debtor	債務人	債務者 <small>さいむしゃ</small>
decision	決策	意思決定 <small>いしけってい</small>
declaration	申報、申告	申告、申請 <small>しんこく しんせい</small>
declaration form	申告表	申告用紙 <small>しんこくようし</small>
declare at the customs	報關申告	通関申告 <small>つうかんしんこく</small>
declared land price	公告地價	公示地価 <small>こうじちか</small>
declared value	公告價格	公示価格 <small>こうじかかく</small>
(to) decline	(物價)下降	低下 <small>ていか</small>
decreasing charge method	遞減法	逓減法 <small>ていげんほう</small>
deductible expenses	可減損失	損金 <small>そんきん</small>

43

deed	契據、契約証書	<ruby>証書<rt>しょうしょ</rt></ruby>
deed of contract	契約約定	<ruby>約定書<rt>やくじょうしょ</rt></ruby>
default	不履行債務、違約	<ruby>債務不履行<rt>さいむふりこう</rt></ruby>
defaulter	債務違約者	<ruby>債務不履行者<rt>さいむふりこうしゃ</rt></ruby>
defective goods	瑕疵品	きず<ruby>物<rt>もの</rt></ruby>
(national) defense expenditure	國防費	<ruby>国防費<rt>こくぼうひ</rt></ruby>
deferred	遞延、延遲	<ruby>据置き<rt>すえお</rt></ruby>
deferred payment	延期付款	<ruby>延べ払い<rt>のばら</rt></ruby>、<ruby>分割払い<rt>ぶんかつばら</rt></ruby>
deficit	虧損、逆差、赤字	<ruby>赤字<rt>あかじ</rt></ruby>、<ruby>不足金<rt>ふそくきん</rt></ruby>
deficit finance	財政赤字	<ruby>赤字財政<rt>あかじざいせい</rt></ruby>
deficit-covering bonds	赤字公債	<ruby>赤字国債<rt>あかじこくさい</rt></ruby>
deflation	通貨緊縮	デフレーション
delay	延期、延誤	<ruby>遅延<rt>ちえん</rt></ruby>
delay in delivery	交貨延遲	<ruby>荷渡延期<rt>にわたしえんき</rt></ruby>
delayed shipment	遲延裝船	<ruby>船積遅延<rt>ふなづみちえん</rt></ruby>
delinquency	拖欠債務	<ruby>支払延納<rt>しはらいえんのう</rt></ruby>、<ruby>業務不履行<rt>ぎょうむふりこう</rt></ruby>
delivered weight	交貨重量	<ruby>引渡重量<rt>ひきわたしじゅうりょう</rt></ruby>
delivered weight terms	交貨重量條件	<ruby>引渡重量条件<rt>ひきわたしじゅうりょうじょうけん</rt></ruby>
delivery	交貨、郵寄、交割、交付	<ruby>受渡配達<rt>うけわたしはいたつ</rt></ruby>、<ruby>引渡<rt>ひきわたし</rt></ruby>
delivery against B/L	憑提單交貨	<ruby>船荷証券引換渡し<rt>ふなにしょうけんひきかえわた</rt></ruby>

delivery at discharging port	卸貨港交貨	揚地渡し（あげちわた）
delivery date	交貨日期	引渡日（ひきわたしび）
delivery month	交貨月份	限月（げんげつ）
delivery of cargo	交貨	荷渡し（にわた）
delivery of goods	交貨	納品（のうひん）
delivery order (D/O)	提貨單、交貨單、出貨單	出荷指示書、荷渡指示書（しゅっかししじょ、にわたししじしょ）
delivery port, port of delivery	交貨港	荷渡港（にわたしこう）
delivery price	交貨價格、到貨價	受渡値段（うけわたしねだん）
delivery time	交貨期	納期（のうき）
demand	需求、要求	需要（じゅよう）
demand deposit	活期存款	要求支払預金（ようきゅうしはらいよきん）
demand draft (D/D), sight bill	即期匯票	要求払い手形、（ようきゅうばらいてがた）一覧払手形（いちらんばらいてがた）
demand forecast	需要預測	需要予測（じゅようよそく）
demand loan	活期放款	短期融資（たんきゆうし）
denominations	貨幣面額、票面金額	通貨の単位、額面金額（つうかのたんい、がくめんきんがく）
department	部門、部、司、局	部門（ぶもん）
department head	部門首長	部長（ぶちょう）
department store	百貨公司	百貨店（ひゃっかてん）
deposit	存款、保証金、定金	預金、供託金（よきん、きょうたくきん）
deposit bank	存款銀行	預金銀行（よきんぎんこう）

45

deposit in large amount	大額存款	<ruby>大口預金<rt>おおぐち よ きん</rt></ruby>
deposit in transit	轉送中存款	<ruby>未達預金<rt>み たつ よ きん</rt></ruby>
deposit on a purchase	先付定金	<ruby>前払い代金<rt>まえばら だいきん</rt></ruby>
deposit on notice	存款通知	<ruby>通知預金<rt>つう ち よ きん</rt></ruby>
depositor	存款人	<ruby>預金者<rt>よ きんしゃ</rt></ruby>
depositor protection	存款保護	<ruby>預金者保護<rt>よ きんしゃ ほ ご</rt></ruby>
depot	倉庫、物流中心	<ruby>配送センター<rt>はいそう</rt></ruby>
depreciable assets	應折舊資產	<ruby>償却資産<rt>しょうきゃく し さん</rt></ruby>
depreciation	折舊	<ruby>減価償却<rt>げん か しょうきゃく</rt></ruby>
depreciation rate	折舊率	<ruby>償却率<rt>しょうきゃくりつ</rt></ruby>
depression	不景氣、蕭條	<ruby>不景気、不況<rt>ふ けい き ふ きょう</rt></ruby>
deputy manager	副理	<ruby>副幹事<rt>ふくかん じ</rt></ruby>
deregulation	放寬監管	<ruby>規制緩和<rt>き せいかん わ</rt></ruby>
derivative deposit	約束性存款	<ruby>拘束性預金<rt>こうそくせい よ きん</rt></ruby>
destination mark	目的地標誌	<ruby>揚地荷印<rt>あげ ち に じるし</rt></ruby>
details	細目	<ruby>内訳<rt>うちわけ</rt></ruby>
devaluation	貶值	<ruby>平価切り下げ<rt>へい か き さ</rt></ruby>
developing country	開發中國家	<ruby>発展途上国<rt>はってん と じょうこく</rt></ruby>
development	開發、發展、拓展	<ruby>開発<rt>かいはつ</rt></ruby>
different color	不同色調	<ruby>色違い<rt>いろちが</rt></ruby>
different pattern	不同花樣	<ruby>模様違い<rt>も ようちが</rt></ruby>

different size	尺寸不同	寸法違い （すんぽうちがい）
diffusion index	景氣指標	景気動向指数 （けいきどうこうしすう）
dip	(連續上漲後)突然下跌	おし目 （め）
direct investment	直接投資	直接投資 （ちょくせつとうし）
direct overseas investment	海外直接投資	海外直接投資 （かいがいちょくせつとうし）
direct tax	直接稅	直接税 （ちょくせつぜい）
director	執行董事	取締役 （とりしまりやく）
directory	姓名地址名錄、 工商行名錄、公司名錄	住所姓名録、商工人名録、 興信録 （じゅうしょせいめいろく、しょうこうじんめいろく、こうしんろく）
disbursement	支付、支出	支払い、支出 （しはらい、ししゅつ）
discharge	解雇、卸貨、 解除(合約)、清償(債務)	解雇 （かいこ）
discharging, unloading	卸貨	荷卸し （におろし）
disclosure	公開經營內容	経営内容の公開、 ディスクロージャー （けいえいないよう、こうかい）
discount	折扣、減價、貼現	割引 （わりびき）
discount bank debenture	貼現、承兌金融債	割引金融債 （わりびききんゆうさい）
discount charges	貼現費	手形割引料 （てがたわりびきりょう）
discount house	承兌貼現的 財務金融公司（英）	割引商社 （わりびきしょうしゃ）
discount issue	貼現(折扣)發行	割引発行 （わりびきはっこう）
discount market	(票據)貼現市場	手形市場 （てがたしじょう）
discount of bill	匯票貼現	手形割引 （てがたわりびき）

47

D

discount rate	折扣率、貼現率	こうていぶあい わりびきぶあい 公定歩合、割引歩合
discount store	減價商場	やすうてん 安売り店
discounted bond	貼現債券	わりびきさい わりびきさいけん 割引債、割引債権
discounted bill	己貼現票據	わりびきてがた 割引手形
discrepancy	不符合	ふいっち 不一致
discretion	任選價格	じゆうさいりょうけん 自由裁量権
dishonor	退票	てがたふわた 手形不渡り
dishonored bill	退票	ふわたてがた 不渡り手形
dishonored check	空頭支票、退票(支票)	ふわたこぎって 不渡り小切手
dismissal	解雇	かいこ 解雇
dispatch	寄送、發貨	はいそう 配送
disposable income	(稅後)可支配收入	かしょぶんしょとく 可処分所得
distribution	(商品)配銷、分配	はいそう はいぶん 配送、配分
distribution center	配送中心、配銷中心	はいそう 配送センター
distribution channel	流通管道	りゅうつうけいろ 流通経路
distribution cost	流通成本	りゅうつう 流通コスト
distribution industry	流通業	りゅうつうぎょう 流通業
distribution network	流通網絡	りゅうつうもう 流通網
distribution revolution	流通革命	りゅうつうかくめい 流通革命
distribution structure	流通構造	りゅうつうきこう 流通機構
distributor	經銷商、代理店	りゅうつうぎょうしゃ だいりてん はんばいてん 流通業者、代理店、販売店

diversification	多元化、多角化	多様化、多角化
diversification of business	經營多元化	経営多角化
diversified investment	多樣化投資	分散投資
dividend	股息、紅利	配当、配当金
dividend cut	減配股息	減配
dividend exists	附股息	配当付き
dividend increase	增配股息	増配
dividend interest income	配股利息收入	配当利子収入
dividend paying stock	有配股息股票	有配株
dividend rate	配息率	配当率
dividend yield	股息收益率	配当利回り
division of labor	分工	分業
divisional system	自負盈虧事業部制	事業部制
do business usually	照常營業	平常通り営業
dock	碼頭(船塢)、造船廠	ドック、造船所
document	文件、證券、單據	書類、証書
document against payment after sight,		
	遠期付款交單	一覧後払書類渡し

document against payment sight（D/P sight）

即期付款交單　　　　　　　一覧払書類渡
<ruby>一<rt>いち</rt>覧<rt>らん</rt>払<rt>ばらい</rt>書類渡<rt>しょるいわたし</rt></ruby>

documentary import bill, inward documentary bill

進口押匯　　　　　　　　　輸入荷為替手形
<ruby>輸入<rt>ゆにゅう</rt>荷<rt>に</rt>為替<rt>かわせ</rt>手形<rt>てがた</rt></ruby>

dollar basis　　　　　　美元計價　　　　　ドル建て
<ruby>ドル建<rt>だ</rt>て</ruby>

domain　　　　　　　　　勢力範圍、根據地　勢力範囲
<ruby>勢力範囲<rt>せいりょくはんい</rt></ruby>

domestic demand　　　　內需　　　　　　　内需
<ruby>内需<rt>ないじゅ</rt></ruby>

domestic goods　　　　國產品　　　　　　国産品
<ruby>国産品<rt>こくさんひん</rt></ruby>

domestic liquidity　　國內流動性　　　　国内流動性
<ruby>国内流動性<rt>こくないりゅうどうせい</rt></ruby>

domestic market　　　國內市場　　　　　国内市場
<ruby>国内市場<rt>こくないしじょう</rt></ruby>

domestic price　　　　國內價格　　　　　国内価格
<ruby>国内価格<rt>こくないかかく</rt></ruby>

domestic sale　　　　內銷　　　　　　　国内販売
<ruby>国内販売<rt>こくないはんばい</rt></ruby>

donation　　　　　　捐款、捐贈　　　　寄付金
<ruby>寄付金<rt>きふきん</rt></ruby>

door-to-door delivery　門至門運輸服務　宅配便
<ruby>宅配便<rt>たくはいびん</rt></ruby>

double fair　　　　　往返運費　　　　往復運賃
<ruby>往復運賃<rt>おうふくうんちん</rt></ruby>

double gunny bag　　雙層麻袋　　　　二重麻袋
<ruby>二重麻袋<rt>にじゅうあさぶくろ</rt></ruby>

double price　　　　雙重價格　　　　二重価格
<ruby>二重価格<rt>にじゅうかかく</rt></ruby>

doubtful loan　　　可疑逾放款　　　問題含み貸付
<ruby>問題含<rt>もんだいふく</rt>み貸付<rt>かしつけ</rt></ruby>

Dow Jones average　道瓊斯工業平均　ダウ平均
<ruby>ダウ平均<rt>へいきん</rt></ruby>

Dow Jones average index　道瓊斯股市指數　ダウ平均指数
<ruby>ダウ平均指数<rt>へいきんしすう</rt></ruby>

down payment　　　頭期款　　　　頭金、手付け金
<ruby>頭金<rt>あたまきん</rt>、手付<rt>てつ</rt>け金<rt>きん</rt></ruby>

downward revision　向下修正　　　下方修正
<ruby>下方修正<rt>かほうしゅうせい</rt></ruby>

draft　(bill of exchange)	匯票	為替手形
draft at sight	憑票即付	一覧手形
draw -down	提款	資金引出し
drawback cargo	退稅貨物	戻し税貨物（税）
drawback entry	退稅申報	戻し税申告（税）
drawee	受票人、付款人	手形名あて人
drawer	開票人、出票人	手形振出人
drawer, sender	開票人、出票人	為替振出人
(the) Drugs, Cosmetics & Medical Instruments		
	(日本)藥事法	薬事法
due date, maturity date, date of expiry		
	到期日	支払い期日、手形満期日
due of shipment	裝船期限	船積期限
dull of sale	滯銷	売行不良
dummies	掛人名、人頭	ダミー
dummy account	空頭帳戶	架空名義（口座）
dummy	傀儡公司、人頭公司	ダミー会社
dumping	傾銷	ダンピング
durable consumer goods	耐久消費財	耐久消費財
durable goods	耐用商品	耐久財
Dutch treat	大家均攤、各付各的	割勘
duty	稅捐、關稅	関税、税金

| duty-free | 免稅 | <ruby>免<rt>めん</rt>税<rt>ぜい</rt></ruby> |
| duty-paid price | 完稅價格 | <ruby>税<rt>ぜい</rt>込<rt>こみ</rt>値<rt>ね</rt>段<rt>だん</rt></ruby> |

E

earned income	就業所得	勤労者所得 きんろうしゃしょとく
earnest money	定金、保証金	手付金 てつけきん
earning capability	盈利率	収益率 しゅうえききりつ
earnings	盈利、利益	利益 りえき
earnings on assets	盈利資產	資産所得 しさんしょとく
economic activity	經濟活動	経済活動 けいざいかつどう
economic depression	不景氣、蕭條	景気 けいき
economic development	經濟開發	経済開発 けいざいかいはつ
economic expansion	景氣擴張	景気浮揚 けいきふよう
economic growth	經濟成長	経済成長 けいざいせいちょう
economic outlook	經濟展望	経済見通し けいざいみとおし
Economic Planning Agency	(日本)經濟企劃廳	経済企画庁 けいざいきかくちょう
economic power	經濟力	経済力 けいざいりょく
economic principle	經濟原則	経済原則 けいざいげんそく
economic recession	經濟衰退	景気沈滞 けいきちんたい
economic recovery	經濟復甦	景気回復 けいきかいふく
economic sanction	經濟制裁	経済制裁 けいざいせいさい
economic stagnation	經濟停滯	経済停滞 けいざいていたい

economic trend	經濟動向	けいざいどうこう 経済動向
economic upturn	景氣上揚	けいきふよう 景気浮揚
economics	經濟學	けいざいがく 経済学
economist	經濟學家	けいざいがくしゃ 経済学者
economy	經濟	けいざい 経済
EDP-electronic data processing	電子資訊處理	でんし しょり 電子データ処理
EEC-European Economic Community	歐盟	おうしゅうけいざいきょうどうたい 欧州経済共同体
effective date	生效日期	はっこうび 発効日
efficiency	效率	こうりつ 効率
efficiency management	效率管理	のうりつかんり 能率管理
electric power	電力	でんりょく 電力
electrical appliance	電機製品	でんきせいひん 電機製品
electronic banking	電子銀行	エレクトロニクバンキング
embargo	禁運、禁止通商	しゅっこうていし つうしょうていし 出航停止、通商停止
emergency	危急	ききゅう ひじょうじたい 危急、非常事態
employee	僱員、員工	じゅうぎょういん 従業員
employee stock ownership	員工配股制度	じゅうぎょういんもちかぶせいど 従業員持株制度
employer	雇主	こようしゃ 雇用者
employment	僱用、就業	こよう 雇用
employment forms	僱用形態	こようけいたい 雇用形態

EMS-European Monetary System	歐州(共市)貨幣體系	欧州通貨制度 おうしゅうつうかせいど
endorsement	背書	裏書 うらがき
endorsement B/L	背書提單	船荷証券裏書 ふなにしょうけんうらがき
engagement	約定	約定 やくじょう
engineer	工程師	技術者 ぎじゅつしゃ
engineering	工程	工学 こうがく
engrossment	壟斷市場	市場独占 しじょうどくせん
enterprise	企業	企業 きぎょう
enterprise of middle standing	中型企業	中堅企業 ちゅうけんきぎょう
entertainment	應酬	接待 せったい
entertainment expenses	交際費	交際費 こうさいひ
entrepot trade, transit trade	轉口貿易、中間貿易	中継貿易 ちゅうけいぼうえき
entrepot, transit port	中轉港、中間港	中継港 ちゅうけいこう
entrepreneur	企業家	企業家 きぎょうか
entry	參入、入口、報關單	参入 さんにゅう
entry formalities	入境手續	入国手続 にゅうこくてつづき
entry visa	入境簽證	入国ビザ にゅうこく
Environment Agency	(日本)環境廳	環境庁 かんきょうちょう
Equal Employment Opportunity Law	(日本)雇用機會均等法	雇用機会均等法 こようきかいきんとうほう
equal installments	等額分期付款制	均等分割払い きんとうぶんかつばらい

55

equilibrium	均衡	<ruby>均衡<rt>きんこう</rt></ruby>
equipment	設備	<ruby>設備<rt>せつび</rt></ruby>、<ruby>備品<rt>びひん</rt></ruby>、<ruby>装置<rt>そうち</rt></ruby>
equipment utilization percentage	產能利用率	<ruby>設備稼働率<rt>せつびかどうりつ</rt></ruby>
equity	資本、股本、資產淨值持分	<ruby>持分<rt>もちぶん</rt></ruby>
equity capital	資本、股本	<ruby>自己資本<rt>じこしほん</rt></ruby>
equity financing	售股集資	<ruby>資金調達<rt>しきんちょうたつ</rt></ruby>、エクイティ・ファイナンス
equity participation	資本分擔	<ruby>株式参加<rt>かぶしきさんか</rt></ruby>
equity ratio	自我資本比率、衡平權比率	<ruby>自己資本比率<rt>じこしほんひりつ</rt></ruby>
errata	勘誤表	<ruby>正誤表<rt>せいごひょう</rt></ruby>
error	錯誤	<ruby>過失<rt>かしつ</rt></ruby>
establishment	創立、開立(信用證)	<ruby>設立<rt>せつりつ</rt></ruby>
establishment of L/C	開狀	<ruby>信用狀開設<rt>しんようじょうかいせつ</rt></ruby>
estimate	估價	<ruby>見積り<rt>みつも</rt></ruby>
estimation	估算、預計	<ruby>見積り<rt>みつも</rt></ruby>
estimation, quotation	估價單	<ruby>見積書<rt>みつもりしょ</rt></ruby>
Eurobond	歐洲債券	ユーロ<ruby>債<rt>さい</rt></ruby>
Eurodollar	歐洲美元	ユーロダラー
Eurodollar bond	歐洲美元債券	ユーロダラー<ruby>債<rt>さい</rt></ruby>
European deposit rates	歐洲存款利率	ユーロ<ruby>預金金利<rt>よきんきんり</rt></ruby>
European finance	歐洲金融	ユーロ<ruby>金融<rt>きんゆう</rt></ruby>
Euro-syndicated loans	歐洲集團信貸	ユーロシンジケート・ローン

evaluation	評價	評価 (ひょうか)
ex dock	碼頭交貨價	エクス・ドック
ex factory	賣方倉庫交貨價	エクス・ファクトリー
ex godown	工廠交貨價	エクス・ゴーダウン
ex pier	碼頭交貨價	エクス・ピア
ex plantation	農場交貨價	エクス・プランテーション
ex quay	目的港碼頭交貨價	エクス・キー
ex ship	目的港船上交貨價	エクス・シップ
ex store	店舖交貨價、倉庫交貨價	エクス・ストア
ex warehouse	(賣方)倉庫交貨	倉庫渡し (そうこわた)
ex work terms	工廠交貨條件	工場渡条件 (こうじょうわたしじょうけん)
exception	例外、異議	例外、異議 (れいがい、いぎ)
(the) Exceptions to Tax Law Act	租稅特別措置法	租税特別措置法 (そぜいとくべつそちほう)
excess	過量、過份、超額	超過量、余剰 (ちょうかりょう、よじょう)
excess agricultural products	過剩農產物	過剰農産物 (かじょうのうさんぶつ)
excess inventory	過剩庫存	過剰在庫 (かじょうざいこ)
excess liquidity	過剩流動性	過剰流動性 (かじょうりゅうどうせい)
excess of supply over demand	供過於求、供應過剩	供給過剰 (きょうきゅうかじょう)
excess supply	供過於求、超額供給	供給過剰 (きょうきゅうかじょう)
excessive competition	過度競爭	過当競争 (かとうきょうそう)
exchange	交易、交換、兌換、匯兌	交換、為替 (こうかん、かわせ)

exchange bank	匯兌銀行	かわせぎんこう 為替銀行
exchange bill	匯票	かわせてがた 為替手形
exchange control	外匯管制	かわせかんり 為替管理
exchange gain	匯兌利益	かわせさえき 為替差益
exchange loss	匯兌損失	かわせさそん 為替差損
exchange market	外匯市場	かわせしじょう 為替市場
exchange rate	匯率	かわせそうば かわせ 為替相場、為替レート
exchange risk(s)	匯兌風險、外匯風險	かわせ 為替リスク
exclusive agency	獨家特約店	とくやくだいりてん 特約代理店
exclusive agent	獨家代理店	いってだいりてん 一手代理店
exclusive sales	包銷	いってはんばい 一手販売
exclusive sole right	獨家總經銷代理權	いってはんばいだいりけん 一手販売代理権
exclusive distributorship, exclusive selling right		
	總經銷權、獨家經銷權	いってはんばいけん 一手販売権
executive	經理幹部、總經理	かんぶしゃいん やくいん 幹部社員、役員
exemption	豁免	めんじょ 免除
ex-factory price	廠盤、出廠價格	せいさんしゃかかく 生産者価格
exhibit	展品、展覽商品	てんじひん 展示品
exhibition	(商品)展覽會	てんじかい 展示会
expansion	擴大	かくだい 拡大
expansion of domestic demand	擴大內需	ないじゅかくだい 内需拡大

expenditure	支出、開銷	支出 （ししゅつ）
expense	經費、開支	経費 （けいひ）
expense account	開支帳、費用帳戶	経費勘定 （けいひかんじょう）
expenses	費用、開支、經費	経費、費用、諸掛 （けいひ、ひよう、しょがかり）
expiration notice	滿期通知	満期通知 （まんきつうち）
expiration of a contract	合同到期、合同期滿	契約の満期 （けいやくまんき）
expired L/C	過期信用狀	期限切信用状 （きげんぎれしんようじょう）
expiry of credit	信用狀有效期限	信用状（有効）期限 （しんようじょうゆうこうきげん）
export	出口	輸出 （ゆしゅつ）
export clearance	出口結關	輸出通関 （ゆしゅつつうかん）
export charges	出口費用	輸出諸掛 （ゆしゅつしょがかり）
export documents	出口單據	輸出書類 （ゆしゅつしょるい）
export market	出口市場	輸出市場 （ゆしゅつしじょう）
export permit	出口許可證	輸出免状 （ゆしゅつめんじょう）
export price	出口價格	輸出価格 （ゆしゅつかかく）
export quota	出口配額	輸出割当 （ゆしゅつわりあて）
export regulations	出口設限	輸出規制 （ゆしゅつきせい）
Export-Import Bank Of Japan	日本輸出入銀行	日本輸出入銀行 （にほんゆしゅつにゅうぎんこう）
export-import regulatory system	進出口管理制度	輸出入管理制度 （ゆしゅつにゅうかんりせいど）
exposure	承受風險（程度）、債權餘額	債権残高、エクスポージャー （さいけんざんだか）
extended L/C	信用狀展期	延長信用状 （えんちょうしんようじょう）

extended term	延長期限	<ruby>延<rt>えん</rt></ruby><ruby>長<rt>ちょう</rt></ruby><ruby>期<rt>き</rt></ruby><ruby>限<rt>げん</rt></ruby> 延長期限
extension commission	展期手續費	えんちょうてすうりょう 延長手数料
extension of validity of L/C	展延信用證有效期、展證	しんようじょうきげんえんちょう 信用状期限延長
extensive order	大批訂貨	たいりょうちゅうもん 大量注文
external bonds	國外債券	がいさい 外債
external debt	（國家）外債	たいがいさいむ 対外債務
external liability	對外負債	がいぶふさい 外部負債
external reserve	外匯存底	がいかじゅんび 外貨準備
External Trade Organization	（日本）貿易振興會	ぼうえきしんこうかい 貿易振興会

F

F.O.B. shipping point	寄發地交貨價	積出地荷渡し （つみだしちにわた）
face value	面值、額面價值	額面価格 （がくめんかかく）
facilities	設施、機構	設備 （せつび）
facsimile signature	印鑑樣本	署名見本 （しょめいみほん）
factor	因素、要素、代理商	要素、原因、ファクター （ようそ、げんいん）
factory	工廠	工場 （こうじょう）
Factory Automation (FA)	工廠自動化	FA化 （か）
factory cost, manufacturing cost	製造成本	製造原価 （せいぞうげんか）
fair cash value	公平價格	公正価格 （こうせいかかく）
fair trade	公平交易	公正貿易 （こうせいぼうえき）
fall	（價格）下跌	低下 （ていか）
falling price	跌價、落價	値下がり （ねさ）
fancy goods	雜貨	小間物 （こまもの）
faulty goods, inferior quality	劣貨、劣等品	下等品 （かとうひん）
favorable factor	好消息材料	好材料 （こうざいりょう）
Federal Reserve Bank-FRB	（美）聯邦儲備銀行	連邦準備銀行 （れんぽうじゅんびぎんこう）
(Federal Reserve Board-FRB	（美）聯準會 Fed.	連邦準備制度理事会） （れんぽうじゅんびせいどりじかい）

Federation of Economic Organizations

	（日本）經團連	けいざいだんたいれんごうかい　けいだんれん 経済団体連合会一経団連
fee	手續費、簽証費、會費	りょうきん 料金
fictitious transaction	買空賣空	からとりひき 空取引
fiduciary trustee	受託人	じゅたくしゃ 受託者
final confirmation	最後確認	さいしゅうかくにん 最終確認
final return	申報所得稅	かくていしんこく 確定申告
finance	財務、財政、金融	ざいせい　ざいむ　ゆうし　しゅっし 財政、財務、融資、出資
finance company	金融公司	きんゆうがいしゃ 金融会社
financial accounts	財務帳目	きんゆうかんじょう 金融勘定
financial analysis	財務分析	ざいむぶんせき 財務分析
financial assets	金融資產	きんゆうしさん 金融資産
financial balance	財務收支	きんゆうしゅうし 金融収支
financial business	金融業	きんゆうぎょう 金融業
financial commodities	金融商品	きんゆうしょうひん 金融商品
financial contents	財務內容	ざいむないよう 財務内容
financial crisis	金融危機、財務危機	きんゆうきょうこう 金融恐慌
financial difficulty	財務困難	けいえいなん 経営難
financial futures market	金融期貨市場	きんゆうさきもの　しじょう 金融先物市場
financial institution	金融機關	きんゆうきかん 金融機関
financial management	財務管理	ざいむかんり 財務管理

financial market	金融市場	きんゆうしじょう 金融市場
financial panic	金融恐慌	けいざいきょうこう 経済恐慌
financial policy	金融政策	きんゆうせいさく 金融政策
financial resources	資金、財政資源	ざいげん 財源
financial statements	財務決算表／報告	ざいむしょひょう 財務諸表
financial system	金融制度	きんゆうせいど 金融制度
(the) financial world	金融界	きんゆうかい 金融界
financing	融資	ゆうし 融資
financing ratio	融資比率	ゆうしひりつ 融資比率
fine	罰款	ばっきん 罰金
finished goods	成品	かんせいひん 完成品
fire and casualty insurance company	火災保険公司	そんがいほけんがいしゃ 損害保険会社
fire insurance	火災保険	かさいほけん 火災保険
firm	堅實、確實的	けんちょう 堅調、しっかり
firm banking	企業内直接與銀行連線	ファームバンキング
first half	上期	かみき 上期
first –in first-out method	先入先出法	さきいれさきだしほう 先入れ先出し法
first six months	上半年度	かみはんき 上半期
fiscal year	財政年度	かいけいねんど ざいせいねんど 会計年度、財政年度
fishing industry	漁業	ぎょぎょう 漁業
five-day work week	週休二日	しゅうきゅうふつかせい 週休二日制

F

fixed (exchange) rate system	固定匯率制	固定相場制
fixed assets	固定資産	固定資産
fixed capital	固定資本	固定資本
fixed cost	固定成本	固定費
fixed price	定價、不二價	定価
flexible exchange rate	浮動匯率	変動為替相場
floating rate	浮動利率、浮動匯率	変動金利、自由変動相場
floating rate note-FRN	浮動利率債券	変動利付債
floating stock	流通股	浮動株
floating yield	浮動匯率（利率）	流動利回り
floating/flexible rate system	浮動匯率制	変動相場制
floor price, bottom price	最低價	最低価格
floor representative	（証券交易所）現場交易員	場立
flotation	發行（証券）	証券発行
fluctuation	（價格等的）變動	相場の変動
FOB mill price	工廠交貨	工場渡し価格
FOB-free on board	離岸價格、船上交貨價	本船渡し、エフオービー
food control system	食糧管理制度	食糧管理制度
food service industry	餐飲業	外食産業
for sale abroad	外銷	海外向販売
force majeure	不可抗力	不可抗力

64

forecast	預測	予測、予想
foreign bond in yen currency	日幣外債	円建て外債
foreign capital	外資、外國資本	外資
foreign capital participation	引進外資	外資導入
foreign company	外資企業	外資系企業
foreign currency	外幣	外貨
foreign currency bond	外幣債券	外貨債
foreign currency deposits	外幣存款	外貨預金
foreign currency reserves	外幣儲備	外貨準備高
foreign debt	對外債務	対外債務
foreign demand	外需	外需
foreign exchange	外匯	外国為替
foreign exchange business	外匯業務	外国為替業務
foreign exchange control	外匯管理	外国為替管理
foreign exchange holding	外匯存底	外貨保有高
foreign exchange market	外匯市場	外為市場
foreign exchange, quotations rate	外匯報價表	外国為替相場表
foreign exchange rate	匯率	外国為替相場
foreign investment	海外投資	海外投資
foreign investors	外國投資家	外人投資家
foreign loans	外債、外國貸款	外債

foreign products	外國製品	外国製品
Foreign Securities Company Law	外國証券法	外国証券法
foreign trade bank	外匯銀行	外国為替銀行
forgery, counterfeit	僞造	偽造
(to) forget to file return	申報遺漏	申告もれ
form	書式、申請用紙	書式、申込用紙
formal contract	正式契約	正式契約
forward position	（期貨）進貨	先物特高
forward rate	期貨匯率、期匯價	先物相場
forwarder	貨運代理人	運送取扱い人
foul B/L	不潔提單	ファウル・ビー・エル
foul shipping order	不清潔裝船單	故障付船積指図書
franchise	特許分銷店	特権、特許、一手販売権
franchise	免賠率(保險)、免賠限度	免責歩合
franchise chain	分銷連鎖	フランチャイズ・チェーン
fraud	詐欺、假貨	詐欺
FRB-Federal Reserve Bank	（美）聯邦準備銀行	連邦準備銀行
free (no charge)	免費	無料
free allotment	免費供給	無償交付
free from particular average	單獨海損不保、平安險	単独海損不担保
free hand	自由裁定	自由裁量権

66

free issue of new shares	無償增資	無償増資
free issue/distribution	免費配銷	無償交付
free market	自由市場	自由市場
free on ship (F.O.S)	艙船交貨	汽船渡し
free trade	自由貿易	自由貿易
free trade agreement	自由貿易協定	自由貿易協定
free trade area	自由貿易區	自由貿易地域
free/open competition	自由競爭	自由競争
freight	運費、貨運、貨物、水腳	運賃、船貨、貨物、運送料
freight bill, freight note	運費清單	運賃請求書
freight collect	運費到付	荷受人払い運賃
freight forward	運費到付	運賃着払い
freight forward, freight collect	運費到付	揚地払運賃
freight forwarder	貨物運輸報關行	乙種海運仲立人（乙仲）
freight rebate	運費回扣	戻し運賃
freight to collect	運費到付	運賃後払い
freight, carriage	運費	運送料
frozen fund	凍結資金	焦げ付き資金
fulfilling delivery	完成交貨	引渡完了
fulfillment of an obligation	履行債務	債務履行
full employment	充分就業	完全雇用

fund	基金、資金、公債	<ruby>資<rt>し</rt></ruby><ruby>金<rt>きん</rt></ruby>
fundamentals	基本條件	<ruby>基<rt>き</rt></ruby><ruby>礎<rt>そ</rt></ruby><ruby>的<rt>てき</rt></ruby><ruby>諸<rt>しょ</rt></ruby><ruby>条<rt>じょう</rt></ruby><ruby>件<rt>けん</rt></ruby>、ファンダメンタルズ
funding	籌款	<ruby>資<rt>し</rt></ruby><ruby>金<rt>きん</rt></ruby><ruby>調<rt>ちょう</rt></ruby><ruby>達<rt>たつ</rt></ruby>
funds for equipment	設備資金	<ruby>設<rt>せつ</rt></ruby><ruby>備<rt>び</rt></ruby><ruby>資<rt>し</rt></ruby><ruby>金<rt>きん</rt></ruby>
futures	期貨	<ruby>先<rt>さき</rt></ruby><ruby>物<rt>もの</rt></ruby>
futures market	期貨市場	<ruby>先<rt>さき</rt></ruby><ruby>物<rt>もの</rt></ruby><ruby>市<rt>し</rt></ruby><ruby>場<rt>じょう</rt></ruby>
futures option	期貨選擇權	<ruby>先<rt>さき</rt></ruby><ruby>物<rt>もの</rt></ruby>オプション
futures price	期貨價格	<ruby>先<rt>さき</rt></ruby><ruby>物<rt>もの</rt></ruby><ruby>価<rt>か</rt></ruby><ruby>格<rt>かく</rt></ruby>
futures purchase	購買期貨	<ruby>先<rt>さき</rt></ruby><ruby>物<rt>もの</rt></ruby><ruby>買<rt>が</rt></ruby>い
futures rate	期貨價格	<ruby>先<rt>さき</rt></ruby><ruby>物<rt>もの</rt></ruby><ruby>相<rt>そう</rt></ruby><ruby>場<rt>ば</rt></ruby>
futures transaction	期貨交易	<ruby>先<rt>さき</rt></ruby><ruby>物<rt>もの</rt></ruby><ruby>取<rt>とり</rt></ruby><ruby>引<rt>ひき</rt></ruby>

G

English	繁體	日本語
G5-Group of Five	五國財長會議	五カ国蔵相会議 (ご か こくぞうしょうかい ぎ)
G7-Group of seven	主要七國財長中央銀行會議	主要七カ国蔵相中央銀行総裁会議 (しゅようなな か こくぞうしょうちゅうおうぎんこうそうさいかい ぎ)
gap	差距	格差 (かく さ)
gasket, padding	墊料	詰物 (つめもの)
gene	基因	遺伝子 (い でん し)
gene recombination	基因改造	遺伝子組替え (い でん し くみ か)
general account	總帳	一般会計 (いっぱんかいけい)
general agency	總代理權	総代理権 (そうだい り けん)
general agent	總代理商、總代理、總代理人	総代理店、総代理人 (そうだい り てん そうだい り にん)
general cargo	雜貨	雑貨品 (ざっ か ひん)
general crossed check	一般劃線支票	普通横線小切手 (ふ つうよこせん こ ぎって)
general crossing	普通劃線	一般線引き (いっぱんせん び)
general stockholder's meeting	股東大會	株主総会 (かぶぬしそうかい)
general trading company	綜合貿易公司	総合商社 (そうごうしょうしゃ)
gentleman's agreement	紳士協約(非公式的)	紳士協定 (しん し きょうてい)
giant company	大企業	大企業 (だい き ぎょう)
globalization	全球化、國際化	国際化 (こくさい か)

GNP- Gross National product	國民生產總值	<ruby>国民総生産<rt>こくみんそうせいさん</rt></ruby>
goal	目標	<ruby>目標<rt>もくひょう</rt></ruby>
going public	股份公開發行	<ruby>株式公開<rt>かぶしきこうかい</rt></ruby>
gold bar	金條	<ruby>金地金<rt>きんじがね</rt></ruby>
gold holding	黃金持有	<ruby>金保有<rt>きんほゆう</rt></ruby>
gold reserves	黃金儲備	<ruby>金準備<rt>きんじゅんび</rt></ruby>
gold standard system	金本位制	<ruby>金本位制<rt>きんほんいせい</rt></ruby>
good news	好消息	<ruby>好材料<rt>こうざいりょう</rt></ruby>
good seller	暢銷貨	<ruby>売行良好品<rt>うれゆきりょうこうひん</rt></ruby>
goods	貨物、商品、財貨	<ruby>商品<rt>しょうひん</rt></ruby>
goods in stock	存貨、盤存	<ruby>在庫品<rt>ざいこひん</rt></ruby>
goods of trial sale	試銷品	<ruby>試売品<rt>しばいひん</rt></ruby>
goods on approval, trial piece	打樣試用品	<ruby>試供品<rt>しきょうひん</rt></ruby>
goodwill	商譽	<ruby>営業権<rt>えいぎょうけん</rt></ruby>、のれん
government bond	公債	<ruby>国債<rt>こくさい</rt></ruby>
government funds for investment & loans		
	政府出資	<ruby>原資<rt>げんし</rt></ruby>
government led	官方主導	<ruby>官僚主導型<rt>かんりょうしゅどうがた</rt></ruby>
government loan	國債	<ruby>政府関係ローン<rt>せいふかんけい</rt></ruby>
government source	政府關係	<ruby>政府筋<rt>せいふすじ</rt></ruby>
government-guaranteed bond	政府保證債券	<ruby>政府補償債<rt>せいふほしょうさい</rt></ruby>

grace period	(票據)寬限期	<ruby>据置期間<rt>すえおき き かん</rt></ruby>
grant	授予(信用狀)、贈款、補助	<ruby>贈与<rt>ぞう よ</rt></ruby>
gross amount	總額	<ruby>総額<rt>そうがく</rt></ruby>
gross income	(稅前)總收益	<ruby>総所得<rt>そうしょ とく</rt></ruby>
gross insurance	團體保險	<ruby>団体保険<rt>だんたい ほ けん</rt></ruby>
gross loss	毛損	<ruby>総損失<rt>そうそんしつ</rt></ruby>
gross margin	毛利	<ruby>荒利(益)<rt>あら り えき</rt></ruby>
gross profit	毛利	<ruby>粗利<rt>あら り</rt></ruby>
gross sales	銷售總額	<ruby>総売上高<rt>そううりあげだか</rt></ruby>
gross weight	總重	<ruby>総量<rt>そうりょう</rt></ruby>
growth	成長	<ruby>成長<rt>せいちょう</rt></ruby>
growth rate	成長率	<ruby>成長率<rt>せいちょうりつ</rt></ruby>
growth stock	(長期投資)成長股票	<ruby>成長株<rt>せいちょうかぶ</rt></ruby>
guarantee	保證	<ruby>保証<rt>ほ しょう</rt></ruby>
guarantor	保證人	<ruby>保証人<rt>ほ しょうにん</rt></ruby>

H

half price	半價	はんね 半値
(to) handle	處理	と あつか 取り扱う(v)
handling goods	處理項目	と あつか ひんもく 取り扱い品目
hard currency	容易兌換貨幣	こうかん か のうつう か 交換可能通貨
(to) harden	使堅固	し 締まる(v)
hardware	硬體	ハードウェア
hatch list	分艙單	ハッチ・リスト
head office	總公司	ほんしゃ ほんてん 本社、本店
head-hunter	人材挖角公司	じんざい ヘッドハンター、人材スカウト
headquarters	總部	ほんてん ほんきょ ち 本店、本拠地
health insurance	人壽險	せいめい ほ けん 生命保険
heavy industry	重工業	じゅうこうぎょう 重工業
hedging	避險交易、套購保值	ヘッジング
haggling	討價還價	ね だん (値段の)かけひき
high interest	高利率	こうきん り 高金利
high price	高價	たか ね 高値
high profit	高利潤	こう り まわ 高利回り
higher (in quotation)	上價差	うわ 上ザヤ

higher price	最高價	上値
high-priced stock	高價股	値がさ株
high-tech industry	高科技産業	ハイテク産業
hike in taxes	増税	増税
hoarding	囤積	買だめ
(to) hold back	放手	手控える(v)
holder	持有人	保有者、(手形)所持人
holder of a title deed	名義人	名義人
holder of B/L	提單持有人	船荷証券所持人
holding company	控股公司	持株会社
hollowing-out	空洞化	空洞化
home banking	網路銀行	ホームバンキング
homeward freight, back freight	回運運費、退貨運費	帰り荷運賃
honest price	不折不扣	掛値なし
hourly pay	時薪	時間給
Housing Loan Corporation	(日本)住宅金融公庫	住宅金融公庫
human capital	人力資源	人的資源
human engineering	人體工學	人間工学
human relations	人際關係	人間関係

I

I owe you (IOU)	借據	借用証明 <small>しゃくようしょうめい</small>
identification card	身份證	身分証明書 <small>みぶんしょうめいしょ</small>
idle money	遊資	遊資 <small>ゆうし</small>
imbalance	不平衡	不均衡 <small>ふきんこう</small>
IMF—International Monetary Fund	國際貨幣基金	国際通貨基金 <small>こくさいつうかききん</small>
imitation	冒牌貨、仿製品	模造品、イミテーション <small>もぞうひん</small>
imitation brand	冒牌	イミテーション・ブランド
impact	影響、衝擊	影響 <small>えいきょう</small>
impact loan	不限定用途外幣借款	インパクトローン
implementation	履行、導入、實施	導入 <small>どうにゅう</small>
import	進口	輸入 <small>ゆにゅう</small>
import agent	進口代理商	輸入代理店 <small>ゆにゅうだいりてん</small>
import B/L	進口提單	輸入船荷証券 <small>ゆにゅうふなにしょうけん</small>
import bill	進口匯票	輸入手形 <small>ゆにゅうてがた</small>
import clearance	進口結關	輸入通関 <small>ゆにゅうつうかん</small>
import declaration (I/D)	進口報關單	輸入届出証 <small>ゆにゅうとどけでしょう</small>
import duty, impost	進口稅	輸入税、輸入関税 <small>ゆにゅうぜい　ゆにゅうかんぜい</small>
import L/C	進口信用狀	輸入信用状 <small>ゆにゅうしんようじょう</small>

74

import license	進口許可證	輸入承認書、インポート・ライセンス
import of finished goods	成品進口	製品輸入
import quota	進口配額	輸入割当
import quota system(IQ system)	進口配額制	輸入割当制
import regulation	進口設限	輸入規制
import restriction	進口限制	輸入制限
import subsidy	進口補助金	輸入補給金
import substitution	進口取代	輸入代替
import surcharge	進口附加費	輸入課徴金
import tariff	進口稅則	関税
importer	進口商	輸入業者
improving effectiveness	效率化	効率化
in cases (boxes)	箱裝	箱詰
inactive	呆滯	閑散
incentive wage system	依能力給薪	能率給
incidental conditions	附帶條件	付帯条件
income	收入	収入、所得
income standard	所得標準	所得水準
income statement	收益表	損益計算書
income tax	所得稅	法人税、所得税

incoming letter	來信	来信 (らいしん)
incorporation	成立公司、登記註冊	法人化 (ほうじんか)
increase of interest rate	提高利率	金利引上げ (きんりひきあ)
indemnity	賠償、賠償金	損害賠償 (そんがいばいしょう)
independence	獨立	独立 (どくりつ)
index	索引、目錄、指數	指標 (しひょう)
indirect tax	間接稅	間接税 (かんせつぜい)
indispensable	不可或缺	不可欠 (ふかけつ)
individual consumption	個人消費	個人消費 (こじんしょうひ)
individual income	個人所得	個人所得 (こじんしょとく)
individual stockholder	個人股東、散戶	個人株主 (こじんかぶぬし)
industrial bond	工業債券	事業債 (じぎょうさい)
industrial economy	工業經濟	産業経済 (さんぎょうけいざい)
industrial engineering	工業工程	生産工学、経営工学 (せいさんこうがく けいえいこうがく)
industrial estate	工業區	工業団地 (こうぎょうだんち)
industrial location	產業用地	産業立地 (さんぎょうりっち)
industrial structure	產業構造	産業構造 (さんぎょうこうぞう)
industrial world	產業界	産業界 (さんぎょうかい)
industrialized country	工業國	工業国 (こうぎょうこく)
industry	工業、產業	工業、産業 (こうぎょう さんぎょう)
inflation	通貨膨脹	インフレ

inflation of currency	通貨的膨脹	通貨の膨張 (つうか ぼうちょう)
inflationary hedge	通貨膨脹避險	インフレヘッジ
information	資訊	情報 (じょうほう)
information processing	資訊處理	情報処理 (じょうほうしょり)
information society	資訊社會	情報社会 (じょうほうしゃかい)
infrastructure	社會基礎建設	社会基盤 (しゃかい きばん)
inheritance tax	遺產稅	遺産相続税 (い さんそうぞくぜい)
in-house proposal	報告提案	稟議書 (りんぎしょ)
initial listing requirements	上市條件	上場基準 (じょうじょう きじゅん)
inland trade	內地貿易、國內貿易	内陸貿易 (ないりくぼうえき)
inland transport	內地運輸	内陸輸送 (ないりく ゆ そう)
inland warehouse	內地倉庫	内陸倉庫 (ないりくそうこ)
innovation	技術革新	技術革新、イノベーション (ぎじゅつかくしん)
inquiry, enquiry	詢價、查詢	照会、引き合い、インクァイアリー (しょうかい ひ あ)
inquiry sheet	詢價單	引合書 (ひきあいしょ)
insider	內線	内部者 (ない ぶ しゃ)
insider trading	內線交易	インサイダー取引 (とりひき)
inspection	檢查、檢驗、驗貨	点検、検査、検閲 (てんけん けん さ けんえつ)
installation cost	設置費用	付設費 (ふ せつ ひ)
installment	分期、未收款	掛金 (かけきん)
installment credit	分期付款信用	賦払い信用 (ふ ばら しんよう)

installment deposits	零存整付存款	つみたてよきん 積立預金
installment payment	分期付款	ぶんかつばら 分割払い
installment sales	分期分批銷售	げっぷ はんばい 月賦販売
installment selling	分期銷售	かっぷ はんばい 割賦販売
institution	期間	き かん 期間
institutional buying	法人購買	ほうじん が 法人買い
institutional investor	機關投資家	き かんとう し か 機関投資家
institutional selling	法人賣出	ほうじん う 法人売り
institutional stock	法人持股	ほうじんかぶぬし 法人株主
instruction manual	解說書	かいせつしょ 解説書
insurance	保險	ほ けん 保険
insurance company	保險公司	ほ けんがいしゃ 保険会社
insurance policy	保險單、保單	ほ けんしょうけん 保険証券
insurance premium	保險費、保費	ほ けん か きん ほ けんりょう 保険掛け金、保険料
insure	投保	ほ けん 保険をかける
insured	被保險人	ひ ほ けんしゃ 被保険者
insurer	保險人、承保商、保險公司	ほ けんしゃ 保険者
intake measurement	裝船尺碼	ふなづみようせき 船積容積
intangible assets	無形資產	む けい し さん 無形資産
integration	整合、一體化	とうごう 統合
intellectual property	著作權、版權	ち てきしょゆうけん 知的所有権

intellectual resources of business	經營知識資源	知的経営資源 （ちてきけいえいしげん）
interbank rate	同業拆款利率	銀行間相場 （ぎんこうかんそうば）
interdependence	相互依存	相互依存 （そうごいぞん）
interest	利息	金利、利息 （きんり、りそく）
interest free	無利息	無利息 （むりそく）
interest rate adjustment	調息	金利調整 （きんりちょうせい）
interest rate index	利率指標	金利指標 （きんりしひょう）
interest rate movement	利率動向	金利の動向 （きんりのどうこう）
interest rate policy	利率政策	金利政策 （きんりせいさく）
interest-bearing bond	附息公債	利付公債 （りつきこうさい）
interim dividends	中期(股)息	中間配当 （ちゅうかんはいとう）
intermediary goods	中間產品	中間財 （ちゅうかんざい）
intermediation	仲介	取次ぎ （とりつ）
intermediation service	仲介業務	取次業務 （とりつぎぎょうむ）
internal hold	內部保留	内部保留 （ないぶほりゅう）
international cartel	國際寡占	国際カルテル （こくさい）
international courier service	海外配送服務	海外宅配便 （かいがいたくはいびん）
international futures	國際期貨	国際先物 （こくさいさきもの）
international investment trust	國際投資信託	国際投資信託 （こくさいとうししんたく）
International Monetary System	國際貨幣制度	国際通貨制度 （こくさいつうかせいど）
Intervention	干預	介入 （かいにゅう）

intervention currency	干預貨幣	介入通貨
intervention in domestic matters	干預內政	内政干渉
intervention selling	干涉賣出	介入売り
interview	面試	面接
introduction	導入	導入
introduction of shares	股票公開	株式公開
inventory	庫存	在庫
inventory adjustment	庫存調整	在庫調整
inventory control	庫存管理	在庫管理
investment	投資、出資	投資、運用、出資
investment & financing	投融資	投融資
investment advisor	投資顧問	投資顧問業
investment bank	投資銀行	投資銀行
investment company	投資公司	投資会社
investment in plant & equipment	設備投資	設備投資
investment plan	投資計劃	投資計画
investment profit	投資收益	運用収益
investment trust	投資信託	投資信託
investor	投資家	投資家
inviolable right invoice	不可侵犯之權利	不可侵特権
invoice	發票、請款單	送り状、請求書

invoice amount	發票金額	インボイス金額
inward manifest	進口貨清單	輸入積荷目録
iron and steel	鋼鐵	鉄鋼
iron and steel industry	鋼鐵業	鉄鋼業
irrevocable letter of credit	不可撤銷信用狀	取消不能信用状
issue	品名、發行(票據、股票、貨幣)	銘柄、発行債、振り出す(v)、発行
issue of new shares to be purchased	發行有償增資	有償増資
issue remainder	發行剩餘	発行残高
issue to shareholders	股東分配	株主割当
issuer	開狀銀行	振出人
issuing	開狀(証)	振出
issuing bank	開狀銀行	発行銀行
issuing house	發行公司	発行商社
item	項目、品項	項目、品目
item of business	營業項目	営業種目

J

Japan Chamber of Commerce and Industry

日本商工會議所　　　　日本商工会議所

Japan Committee for Economic Development

(日本)經濟同友會　　　経済同友会

Japan Development Bank　　日本開發銀行　　日本開発銀行

Japan Federation of Employer's Association

日本經營者團體連盟　　経営者団体連盟

JETRO-Japan External Trade Organization

(日本)貿易振興會　　ジェトロ、日本貿易振興会

JIS-Japan Industrial Standard　日本工業標準　　日本工業規格

job descriptions　　　　職務記述表　　職務記述書

job evaluation　　　　職務考核　　職務評価

joint acceptor　　　　連帶承兌人　　連帯(手形)引受人

joint and several liabilities　　連帶責任　　連帯責任

joint contract　　　　連帶契約　　連帯契約

joint contribution　　　共同出資　　共同出資

joint debt　　　　　連帶負債　　連帯債務

joint debtor　　　　連帶債務人　　連帯債務者

joint guarantee　　　連帶保證　　連帯保証

joint guarantor　　　連帶保証人　　連帯保証人

joint operation	共同操作	^{ていけい}提携
joint owner	共同持有	^{きょうゆうしゃ}共有者
joint stock bank	共同股份銀行	^{かぶしきぎんこう}株式銀行
joint stock company	股份公司	^{かぶしきがいしゃ}株式会社
joint venture	創投事業	^{ごうべんじぎょう}合弁事業
junk bond	垃圾債券、高風險債券	ジャンク^{さい}債
juridical person	法人	^{ほうじん}法人
jurisdiction	管轄、司法權	^{かんかつ しほうけん}管轄、司法権

K

kabuto-cho	(日本)証券街	^{かぶとちょう}兜町
keep dry, away from wet	勿受潮濕、保持乾燥	^{ぬれものようじん}濡物用心
key currency	國際主要貨幣、基本貨幣	^{こくさいつうか きじくつうか}国際通貨、基軸通貨、キーカレンシー
key speculative stocks	主流股、飆股	^{してかぶ}仕手株
kiting check	空頭支票	^{からこぎって}空小切手
know-how	關鍵技術、技能	ノウハウ

L

L/C amount	信用狀金額	信用状金額
L/C at sight	即期信用狀	エル・シー一覧払い
L/C beneficiary	信用狀受益人	信用状受益者
L/C confirming charge	信用狀保兌手續費	信用状確認手数料
L/C margin deposit	開狀保證存款	信用状開設保証預金
L/C margin money	開狀保證金	信用状開設保証金
L/C number	信用狀號碼	信用状番号
L/C opening charge	開狀手續費	信用状開設手数料
L/C terms	信用狀條款	信用状条項
L/C-Letter of Credit	信用狀(証)	信用状
label	標籤	ラベル
labor	勞力、人工	労働
labor dispute	勞資紛爭	労働争議
labor force	勞動人口	労働力人口
labor management	勞工管理	労働管理
labor productivity	勞動生產性	労働生産性
labor union	工會	労働組合
laborer	勞工	労働者

land	土地	土地 （とち）
land quarantine	檢疫	陸上検疫 （りくじょうけんえき）
land value	地價	地価 （ちか）
landing	著陸、上岸	上陸、陸揚げ （じょうりく、りくあ）
landowner	地主	地主 （じぬし）
large capital stock	大型股	大型株 （おおがたかぶ）
large purchase	大量訂購	大口買付 （おおぐちかいつけ）
large shareholder	大股東	大株主 （おおかぶぬし）
large transaction	大單交易	大口取引 （おおぐちとりひき）
last quarter	第4季	第4四半期 （だいよんしはんき）
last-in first-out	後進先出法	後入れ先出し法 （あといさきだほう）
late arrival	延遲到達	延着 （えんちゃく）
latent	潛在(缺陷)	潜在的 （せんざいてき）
latent production capacity	潛在生產力	潜在生産力 （せんざいせいさんりょく）
lawsuit	訴訟	訴訟 （そしょう）
lawyer	律師	弁護士 （べんごし）
layoff	臨時解僱	一時解雇 （いちじかいこ）
LBO-leveraged buyout	槓桿收購	エル・ビー・オー
lead manager	主要幹部	主幹事 （しゅかんじ）
lead time	訂貨至交貨期間	先行期間 （せんこうきかん）
leading company	著名公司	有力企業 （ゆうりょくきぎょう）

L

lease	租約、租貸	リース、賃貸
lease deposit	押金	敷金
leased land	租地	借地
leasing business	租賃業	リース業
leaving a price unchanged	不調整價格	価格据置き
ledger	分類帳	元帳
legal rate of interest	公定利率	法的金利
legal reserves	法定準備金	法定準備金
legal tender	法定貨幣	法定通貨
lending	放款業務	貸出し
lending rate	放款利率	貸出し金利
lessee	承租人	賃借人
lessor	出租人	賃貸人
letter of attorney	授權書、委任狀	委任状
letter of credit (L/C)	信用狀(証)	信用状
letter of guarantee (L/G)	提貨擔保書	貨物引取保証状
letter of indemnity	賠償保証書、擔保提貨書	保証状
letter of introduction	介紹信	紹介状
letter of patent	專利證書	特許証
letter telegram (LT)	書信電報	書信電報

level of living	生活水平	生活水準
liabilities	債務	債務
liability	負債、責任	債務
liability insurance	責任保險	責任保険
liaison office	聯絡處	連絡事務所
liberalization	自由化	自由化
license	執照、許可証	免許、ライセンス
licensing trade	專利特許貿易	ライセンシング貿易
life annuity	終身年金	終身年金
life insurance	人壽保險	生命保険
life insurance company	人壽保險公司	生命保険会社
lifetime employment	終身雇用	終身雇用
light industry	輕工業	軽工業
limited order	小訂單	小額注文
liquidation	清還、清算(破產公司)	清算
liquidity	(資金)周轉、流動性	流動性
liquidity ratio	流動性比率	流動性比率
list (on the exchange)	上市(証券交易所)	上場
list price	價目表價格	定価
listed company	上市公司	上場会社、上場企業
listed stocks	上市股票	上場株式

L

living expenses	生活費用	生計費
loading	裝船、裝貨	船積み、積込み
loan	貸款、借款	借款、貸し出し
	放款、公債	貸付、融資
loan flotation	發行債券(公司)	起債(會社)
loan funds	借貸資金	貸付信託
loan interest rate	貸款利率	借入金利率
loan loss	不良放款	貸倒れ
loan on security	擔保放款	担保貸付
loan payment	繳納貸款	ローン返済
loan rate	放款融資利率	融資金利
loan request	申請貸款	貸出し依頼
loans outstanding	放款餘額	貸出し金残高
local activation	地域活性化	地域活性化
local bond	地方債	地方債
local credit	國內信用狀	ローカル・クレジット
local finance	地方財政	地方財政
local procurement	當地購買	現地調達
local production	當地生產	現地生産
local tax	地方稅	地方税
lock out	關閉工廠	工場閉鎖

logo	(公司)標誌、徽號	シンボルマーク
long dozen	大打、長打	ロング・ダース
long term	長期	長期(ちょうき)
long –term bill	長期票據	長期手形(ちょうきてがた)
long –term debt	長期債務	固定負債(こていふさい)
long –term trust bank	長期信用銀行	長期信用銀行(ちょうきしんようぎんこう)
long –term/range planning	長期計劃	長期計画(ちょうきけいかく)
loss, deficit	損失、虧損	損失、欠損(そんしつ、けっそん)
loss of rights	喪失權利	権利落ち(けんりおち)
low grade goods, faulty goods	劣貨	劣悪品(れつあくひん)
low growth	低成長	低成長(ていせいちょう)
low interest	低利率	低金利、低利(ていきんり、ていり)
low price	低價格	安値(やすね)
low price	廉價、特價	値安、格安値段(特価)(ねやす、かくやすねだん(とっか))
lower (in a quotation)	差價(價格)	下ザヤ(した)
lower price	最低價	下値(したね)
(to) lower	下跌	引下げ(ひきさ)
low-priced goods, bargain	特價品	格安品(特価品)(かくやすひん(とっかひん))
loyalty	忠誠度	忠誠心(ちゅうせいしん)
LSI-Large Scale Integration	大型積體電路	大規模集積回路(だいきぼしゅうせきかいろ)

| lump-sum payment | 一次總付 | <ruby>一<rt>いち</rt></ruby><ruby>覧<rt>らん</rt></ruby><ruby>払<rt>ばら</rt></ruby>い(<ruby>手<rt>て</rt></ruby><ruby>形<rt>がた</rt></ruby>) |
| luxury goods | 奢侈品 | ぜいたく<ruby>品<rt>ひん</rt></ruby> |

M

M&A- Merger & Acquisition	購併	<ruby>買<rt>ばい</rt></ruby><ruby>収<rt>しゅう</rt></ruby>・<ruby>合<rt>がっ</rt></ruby><ruby>併<rt>ぺい</rt></ruby>・ M＆A(エム アンド エー)
machine tools	工作機械	<ruby>工<rt>こう</rt></ruby><ruby>作<rt>さく</rt></ruby><ruby>機<rt>き</rt></ruby><ruby>械<rt>かい</rt></ruby>
mail order	郵購	<ruby>通<rt>つう</rt></ruby><ruby>信<rt>しん</rt></ruby><ruby>販<rt>はん</rt></ruby><ruby>売<rt>ばい</rt></ruby>、<ruby>郵<rt>ゆう</rt></ruby><ruby>便<rt>びん</rt></ruby><ruby>注<rt>ちゅう</rt></ruby><ruby>文<rt>もん</rt></ruby>
mail transfer (M/T)	信匯	<ruby>郵<rt>ゆう</rt></ruby><ruby>便<rt>びん</rt></ruby><ruby>振<rt>ふり</rt></ruby><ruby>替<rt>かえ</rt></ruby>
main bank	主要銀行	<ruby>主<rt>しゅ</rt></ruby><ruby>力<rt>りょく</rt></ruby><ruby>銀<rt>ぎん</rt></ruby><ruby>行<rt>こう</rt></ruby>
maintenance expenses	維修費、保養費	<ruby>維<rt>い</rt></ruby><ruby>持<rt>じ</rt></ruby><ruby>費<rt>ひ</rt></ruby>
major customers	主要客戶	<ruby>主<rt>しゅ</rt></ruby><ruby>力<rt>りょく</rt></ruby><ruby>取<rt>とり</rt></ruby><ruby>引<rt>ひき</rt></ruby><ruby>先<rt>さき</rt></ruby>
maker	廠商	メーカー
maker (of note)	開票人	<ruby>振<rt>ふり</rt></ruby><ruby>出<rt>だし</rt></ruby><ruby>人<rt>にん</rt></ruby>
management	經營管理	<ruby>管<rt>かん</rt></ruby><ruby>理<rt>り</rt></ruby><ruby>経<rt>けい</rt></ruby><ruby>営<rt>えい</rt></ruby>、<ruby>経<rt>けい</rt></ruby><ruby>営<rt>えい</rt></ruby>
management foundation	經營基礎	<ruby>経<rt>けい</rt></ruby><ruby>営<rt>えい</rt></ruby><ruby>基<rt>き</rt></ruby><ruby>盤<rt>ばん</rt></ruby>
management philosophy	經營理念、經營哲學	<ruby>経<rt>けい</rt></ruby><ruby>営<rt>えい</rt></ruby><ruby>理<rt>り</rt></ruby><ruby>念<rt>ねん</rt></ruby>
management policy	經營方針	<ruby>経<rt>けい</rt></ruby><ruby>営<rt>えい</rt></ruby><ruby>方<rt>ほう</rt></ruby><ruby>針<rt>しん</rt></ruby>
manager	經理、幹部	<ruby>幹<rt>かん</rt></ruby><ruby>事<rt>じ</rt></ruby>、<ruby>管<rt>かん</rt></ruby><ruby>理<rt>り</rt></ruby><ruby>者<rt>しゃ</rt></ruby>
managing underwriter	証券承包商	<ruby>幹<rt>かん</rt></ruby><ruby>事<rt>じ</rt></ruby><ruby>証<rt>しょう</rt></ruby><ruby>券<rt>けん</rt></ruby>

manifest	艙單	運送目録 (うんそうもくろく)
manipulation	操縱(股票市場)	株価操作 (かぶかそうさ)
manpower	人力資源	人的資源 (じんてきしげん)
manpower development	人力開發	人材開発 (じんざいかいはつ)
manual	操作手冊	マニュアル
manual workers	體力勞動者、工人	肉体労働者 (にくたいろうどうしゃ)
manufactured goods	產品	製品 (せいひん)
manufacturer	製造商	製造業者 (せいぞうぎょうしゃ)
manufacturing	製造、生產	製造、生産 (せいぞう、せいさん)
manufacturing control	生產管理	製造管理 (せいぞうかんり)
manufacturing industry	製造業	製造業 (せいぞうぎょう)
margin　定金、保証金、差價、售貨盈利、差額		担保金、マージン (たんぽきん)
margin account	信用交易	信用取引、約諾書 (しんようとりひき　やくだくしょ)
margin buying	保証金交易(買空)	信用買い、カラ買い (しんようか　か)
margin selling	保証金交易(賣空)	カラ売り (う)
margin transaction/trading	憑保証金交易	マージン取引、信用取引 (とりひき　しんようとりひき)
(profit) margin	(利潤)價差	利ザヤ (り)
marginal cost	邊際費用(成本)	限界費用 (げんかいひよう)

marginal firm	邊緣企業	<ruby>限界企業<rt>げんかいきぎょう</rt></ruby>
marginal loss	差損	<ruby>差損<rt>さそん</rt></ruby>
marginal profits	差益	<ruby>差益<rt>さえき</rt></ruby>
marine and fire insurance	水險	<ruby>海上火災保険<rt>かいじょうかさいほけん</rt></ruby>
marine insurance	海上保險	<ruby>海上保険<rt>かいじょうほけん</rt></ruby>
maritime quarantine	海上檢疫	<ruby>海上検疫<rt>かいじょうけんえき</rt></ruby>
mark (level)	股票、市場價格的整數關卡	<ruby>大台<rt>おおだい</rt></ruby>
markdown	降價、調低評等	<ruby>値下げ<rt>ねさ</rt></ruby>
markdown sales	減價銷售	<ruby>値下販売<rt>ねさげはんばい</rt></ruby>
market	市場	<ruby>市場<rt>しじょう</rt></ruby>
market barrier	市場障礙	<ruby>市場障壁<rt>しじょうしょうへき</rt></ruby>
market closing	關閉市場	<ruby>市場閉鎖<rt>しじょうへいさ</rt></ruby>
market conditions	市況、商情、市面	<ruby>市況<rt>しきょう</rt></ruby>
market intervention	市場干預	<ruby>市場介入<rt>しじょうかいにゅう</rt></ruby>
market leaders	主力股	<ruby>主導株<rt>しゅどうかぶ</rt></ruby>
market liberalization	市場開放	<ruby>市場開放<rt>しじょうかいほう</rt></ruby>
market price	市場價格、市價、行情價	<ruby>市場価格<rt>しじょうかかく</rt></ruby>、<ruby>相場<rt>そうば</rt></ruby>、<ruby>市価<rt>しか</rt></ruby>
market psychology	市場心理	<ruby>市場心理<rt>しじょうしんり</rt></ruby>
market rate	市場利率	<ruby>市中金利<rt>しちゅうきんり</rt></ruby>
market research	市場調查	<ruby>市場調査<rt>しじょうちょうさ</rt></ruby>
market segmentation	市場區隔	<ruby>市場細分化<rt>しじょうさいぶんか</rt></ruby>

market share	市場占有率	市場占有率
market size	市場規模	市場規模
market stagnation	市場停滯	市場停滞
market trend	市場趨勢	市場の動向
marketing	市場行銷	マーケティング
marketing strategy	行銷策略	販売戦略
markup	漲價、加價	値上げ
mass communication	大眾傳播	マスコミ
mass production	量產	大量生産方式
material	原料、材料、物資	原料、素材、材料
material expenses	原料費 ·	原料費
matured bill	到期匯票	満期手形
maturity	到期	満期
maturity date/due date	(票據的)到期日	満期日
maximum rate	最高利率	最高金利
MBA-Master of Business Administration		
	企管碩士	経営管理修士
measurement	尺碼、容積才數	才数
mediation	仲介	仲介
memorandum (s)	備忘錄、內部聯絡	覚書、社内連絡
merchandise	商品	商品

93

M

merchandise mix	商品組合	しょうひんこうせい 商品構成
merchant	商人	しょうにん 商人
merchant bank	商業銀行	マーチャント・バンク
merger	(公司的)購併、兼併	がっぺい 合併
microcomputer	微電腦	マイコン
mid-term	期中的	ちゅうき 中期の
mid-term government bond fund	(日本)中期國債	ちゅうきこくさい 中期国債ファンド
middle management	中間管理幹部	ちゅうかんかんりしゃ 中間管理者
middleman	中人、中間商、經紀商	ちゅうかんぎょうしゃ 中間業者
mid-priced stock	中等價格股票	ちゅうけんかぶ 中堅株
minimum order quantity	最低訂貨量	さいていはっちゅうりょう 最低発注量
minimum wage	最低工資	さいていちんぎん 最低賃金
mining and industrial production index		
	礦工業生產指數	こうこうぎょうせいさんしすう 鉱工業生産指数
Ministry of Agriculture, Forestry and Fisheries		
	(日本)農林水產省	のうりんすいさんしょう 農林水産省
Ministry of Construction	(日本)建設省	けんせつしょう 建設省
Ministry of Finance	(日本)大藏省	おおくらしょう 大蔵省
Ministry of Health and Welfare	(日本)厚生省	こうせいしょう 厚生省
Ministry of International Trade and Industry-MITI		
	(日本)通商產業省	つうしょうさんぎょうしょう 通商産業省
Ministry of Labor	(日本)勞動省	ろうどうしょう 労働省
Ministry of Transport	(日本)運輸省	うんゆしょう 運輸省

minor rally	小幅度回檔	小戻す(v)
minority control	少數支配	少数支配
misappropriation	私吞	横領
miscellaneous expenses	雜項費用	雑費
miscellaneous revenue	雜項收入	雑益
MMA- Money Market Depository Account	貨幣市場存款帳戶	自由金利流動性個人預金
MMC- Money Market Certificate	浮動利率存款	市場金利連動預金
MMF-Money Market Fund	短期金融資産投資信託	短期金融資産投資信託
molecular farming	分子農業	分子農業
monetary authority	貨幣當局	通貨当局
monetary deposits	貨幣制存款	通貨制預金
monetary liberalization	金融自由化	金融自由化
monetary manipulation	金融操作	金融操作
monetary policy	金融政策	金融政策
monetary reserve	貨幣準備	通貨準備金
monetary restriction	金融管制	金融引締め
monetary system	貨幣制度	通貨制度
money	貨幣	通貨
money and banking	金融	金融
money and property	財貨	財貨

95

M

money crisis	金融危機	通貨危機
money in hand	手邊資金	手持ち資金
money market	金融市場	金融市場
money order	匯款單、郵匯	為替、送金為替
money order, remittance bill	匯款單	送金為替
money quotation	金融行情	金融相場
money (interest) rate	利率	金利
money relaxation	金融緩和	金融緩和
money supply	貨幣供給	通貨供給量
money, paper currency	紙幣	紙幣
monopoly	壟斷	独占
monopoly price	壟斷價格	独占価格相場
monthly income	每月所得	月収
monthly installment	按月分期付款	月賦払い
monthly output	月產量	月産
monthly salary	月薪	月給
moratorium on interest payments	延期償還利息	債務利払いの停止
morning session	早場	前場
morning session closing	早場暫收	前引け
mortgage	抵押權、抵押契約、抵押、抵押品	抵当権、譲渡抵当、抵当
mortgage bond	附抵押債券	抵当証券、担保付社債

mortgage company	不動産抵押信貸公司	不動産抵当貸付会社
mortgage loan	不動産抵押貸款	抵当権ローン、不動産担保ローン
mortgage payable	抵押借款	抵当借入金
motivation	動機	動機づけ
motor vehicle industry	汽車製造業	自動車産業
movable property	動産	動産
multicurrency	複數貨幣	複数通貨
multicurrency bonds	複數貨幣債	複数通貨債
multinational	跨國(公司)	多国籍の
multinational enterprise	跨國企業	多国籍企業
multinationalization	跨國化	多国籍化
mutual	互相	相互
mutual fund	(美)互惠信託、共同基金、信託基金	ミューチュアル・ファンド

N

narrow	市況清淡	閑散
narrow movement	小額往來	小幅往来
national bank	國營銀行	国立銀行
national debt	國債、公債	国債
national income	國民所得	国民所得、国家利益

National Land Agency	(日本)國土廳	国土庁 こくどちょう
national pension	國民年金	国民年金 こくみんねんきん
national tax	國稅	国税 こくぜい
natural resources	天然資源	天然資源 てんねんしげん
negative list	負面表列進口商品表	ネガティブ・リスト
negative spread	逆價差	逆ザヤ ぎゃく
negotiable	可轉讓的、可流通的	譲渡可能 じょうとかのう
negotiable copy of B/L	提單正本	船荷証券正本 ふなにしょうけんしょうほん
negotiation	洽商、談判、交涉	交渉 こうしょう
net debtor country	債務國家	債務国 さいむこく
net income	淨所得	純所得 じゅんしょとく
net loss	淨損	純損失 じゅんそんしつ
net price	實價、淨價	正価 せいか
net profit	淨利、純利	純利益 じゅんりえき
net profit on sales	銷貨淨利	売上純益 うりあげじゅんえき
net sales	銷貨淨額	純売上高 じゅんうりあげだか
net weight	淨重	正味重量 しょうみじゅうりょう
net worth	資產(減負債)淨額	正味資産 しょうみしさん
new entry	新加入者	新規参入 しんきさんにゅう
new high	創新高	新高値 しんたかね
new low	創新低	新安値 しんやすね

new product	新產品	しんせいひん 新製品
new services	新商品	しんしょうひん 新商品
new share	新股	しんかぶ 新株
newly introduced stock	新上市股	しんきこうかいかぶ 新規公開株
niche industry	市場空隙產業、利基產業	すきまさんぎょう 隙間産業
NIES-Newly Industrializing Economies		
	新興工業國	しんこうこうぎょうこくぐん 新興工業国群
NIKKEI stock average	(日本)日經指數	にっけいへいきんかぶか 日経平均株価
nominal growth rate	名目成長率	めいもくせいちょうりつ 名目成長率
nominal interest rate	表面利率	ひょうめんりまわり 表面利回り
nominal price	名義價格、有價無市	めいもくかかく 名目価格
nominal wage	名目薪資	めいもくちんぎん 名目賃金
nominal yield	名義利率	めいもくりまわり 名目利回り
non-dividend	無配息	むはい 無配
non-dividend-paying stock	無配息股	むはいかぶ 無配株
non durable goods	非耐用品、非耐久財	ひたいきゅうざい 非耐久財
non-fulfillment	不履行	ふりこう 不履行
non-inflammable cargo	不燃貨物	ふねんしょうかもつ 不燃焼貨物
nonintervention in domestic matters		
	不干涉內政	ないせいふかんしょう 内政不干渉
non-operating expenses	非營業費用	えいぎょうがいひよう 営業外費用
non-operating profit	非營業收益	えいぎょうがいしゅうえき 営業外収益

non-operating receivable	非營業債權	えいぎょうがいさいけん 営業外債権
non-operating revenue	非營業收入	えいぎょうがいしゅうにゅう 営業外収入
nonresident	非居民	ひ きょじゅうしゃ 非居住者
nonresident account	非居民帳目	ひ きょじゅうしゃかんじょう 非居住者勘定
nonresident yen	非居民日幣	ひ きょじゅうしゃえん 非居住者円
non-tariff barriers	非關稅障礙	ひ かんぜいしょうへき 非関税障壁
non-tariff measure	非關稅措施	ひ かんぜいそ ち 非関税措置
no par stock	無面值股票	む がくめんかぶ 無額面株
no par value	無面值	む がくめん 無額面
normal fare	正常價格	つうじょうりょうきん 通常料金
note	紙幣、票據	て がた 手形
notedness	知名度	ち めい ど 知名度
notes payable	應付票據	し はらい て がた 支払手形
notes receivable	應收票據	う と て がた 受け取り手形
notes receivable discounted	應收票據貼現	わりびき て がた 割引手形
notice deposit	通知存款	つう ち よきん 通知預金
notice of arrival	到貨通知（書）	にゅう か つう ち 入荷通知
notification	通知書、通告	とどけ で 届出
notify B/L	貨物到達預先通知提單	ちゃく に つう ち さき き さいふな に しょう 着荷通知先記載船荷証
notify party	到貨被通知人	ちゃく に つう ち さき 着荷通知先
NTT bond	NTT 債券	さい NTT債

O

obligations	義務、責任	債務、支払義務
occupational change	轉業、改行	転業
OCP cargo (overland common point cargo)	內陸共同點貨物	オー・シー・ピー・カーゴ
OCP rate (overland common point cargo rate)	內陸共同點運費率	オー・シー・ピー・レート
OCP (overland common point)	內陸共同點	オー・シー・ピー
ODA–Official Development Assistance	政府開發援助	政府開発援助
odd lot	零股	端株
OECD– Organization for Economic Cooperation and Development	經濟合作及發展組織	経済協力開発機構
offer	提供、報價(賣方)	提供、申し出
offered price	叫價	呼び値
offering	募集	募集
offset	抵銷、抵押品補償	相殺
office automation	辦公室自動化	OA化
office work	辦公事務	事務
office worker	辦公職員	事務職員
officer	管理幹部	役員、幹部職員
official	公式上、職務上	公式の、職務上の

official discount rate	官方匯率、利率	<ruby>公定歩合<rt>こうていぶあい</rt></ruby>
official employment	正式錄取	<ruby>本採用<rt>ほんさいよう</rt></ruby>
official price	公定價格	<ruby>公定価格<rt>こうていかかく</rt></ruby>
official rate	公定利率	<ruby>公定相場<rt>こうていそうば</rt></ruby>
officials	當局	<ruby>当局<rt>とうきょく</rt></ruby>
offsetting duties	抵銷關稅	<ruby>相殺関税<rt>そうさいかんぜい</rt></ruby>
offshore banking	境外銀行	オフショア　バンキング
offshore market	境外市場	オフショア<ruby>市場<rt>しじょう</rt></ruby>
oil crisis	石油危機	<ruby>石油危機<rt>せきゆきき</rt></ruby>
oil shock (1973.10.6)	石油危機	オイルショック
oil terminal	石油碼頭	オイル・ターミナル
OJT-on the job training	在職訓練	<ruby>職場訓練<rt>しょくばくんれん</rt></ruby>
old firm, old house	老舖、老字號	<ruby>老舗<rt>しにせ</rt></ruby>
old-age insurance	老年保險	<ruby>養老保険<rt>ようろうほけん</rt></ruby>
oligopoly	寡頭壟斷	<ruby>寡占<rt>かせん</rt></ruby>
omission	遺漏	<ruby>記載漏れ<rt>きさいも</rt></ruby>
on-balance buying	買超	<ruby>買い越し<rt>かこ</rt></ruby>
one way trade	單程貿易、單邊貿易	<ruby>片貿易<rt>かたぼうえき</rt></ruby>
OPEC-Organization of Petroleum Exporting Countries		
	石油輸出國家組織	<ruby>石油輸出国機構<rt>せきゆゆしゅつこくきこう</rt></ruby>

open	開設、開市	寄り付き
(to) open a market	開放市場	市場開放
open market	公開市場	公開市場
open position	公開價位	オープンポジション
(to) open up	開放	開放
open-bidding system	公開投標制度	公開入札制度
open-end fund	開放型基金	開放型投資信託
opening bank, issuing bank, establishing bank		
	開狀銀行	開設銀行、(信用狀)発行銀行
opening price	開盤價、開市價	初値、寄り付き
open-market operation	公開市場操作	公開市場操作
operating budget	營業經費預算	営業予算
operating expenses	營業費用	営業費
operating income	營業收入	営業利益
operating profit and loss	營業損益	営業損益
operating rate	開工率、產能利用率	稼働率
operating revenue	營業收益	営業収益
operation	經營、操作、作業、營業	運営、操作、操業、営業
operation rate	開工率、產能利用率	操業度
opportunity costs	機會成本	機会費用
optical communication cable	光纖通訊電纜	光通信ケーブル

option	選擇權	選択権 （せんたくけん）
option trade	選擇權交易	オプション取引 （とりひき）
order	定貨、訂購單、受票人	注文品、注文書、 （ちゅうもんひん）（ちゅうもんしょ） （手形上での）指図 （て がたじょう）（さしず）
(to) order	訂貨、訂購	注文、発注 （ちゅうもん）（はっちゅう）
order cancelled	訂貨後取消	注文流れ （ちゅうもんなが）
order form	訂購單用紙	注文書式 （ちゅうもんしょしき）
order number	訂單號碼	注文番号 （ちゅうもんばんごう）
order sheet	訂貨單、訂單	注文書 （ちゅうもんしょ）
organization	組織、機構	組織 （そしき）
organization chart	組織表	会社機構図、組織表 （かいしゃ き こう ず）（そ しきひょう）
original	正本	正本 （せいほん）
original B/L	提單正本	正本船荷証券 （せいほんふな に しょうけん）
original credit	原信用狀正本	原信用状 （もとしんようじょう）
original estimate	原始估價單	正本見積り （せいほん み つも）
OR-operations research	運籌學	作戦研究 （さくせんけんきゅう）
(the) other party	對方	相手先 （あい て さき）
out of stock	缺貨、脫銷、缺貨、無現貨	品切れ、在庫切れ （しな ぎ）（ざいこ ぎ）
outflow	外流	流出 （りゅうしゅつ）
outflow abroad	外流海外	海外流出 （かいがいりゅうしゅつ）
outlook	展望、預測、前景	見通し （み とお）

output	產量	<ruby>生産高<rt>せいさんだか</rt></ruby>
outside processing	外包加工	<ruby>外注加工<rt>がいちゅうかこう</rt></ruby>
outstanding account	未清帳款	<ruby>未払勘定<rt>みばらいかんじょう</rt></ruby>
outstanding balance	未結餘額、未用餘額	<ruby>残高<rt>ざんだか</rt></ruby>
outstanding stock	己發行股票	<ruby>発行済株式<rt>はっこうずみかぶしき</rt></ruby>
outturn weight, landed weight	卸貨量	<ruby>揚高<rt>あげだか</rt></ruby>
overcharge	要價太高、過載	<ruby>掛値、積荷過剰<rt>かけね、つみにかじょう</rt></ruby>
overdraft	帳戶透支	<ruby>当座貸し借り越し<rt>とうざかかこ</rt></ruby>
overextended	展延貸款	オーバーローン
overhead expenses	間接經費、經常費、管理費	<ruby>総経費<rt>そうけいひ</rt></ruby>
over investment	過度投資	<ruby>過剰投資<rt>かじょうとうし</rt></ruby>
over-production	生產過剩	<ruby>生産過剰<rt>せいさんかじょう</rt></ruby>
overseas affiliated firm	現地法人	<ruby>現地法人<rt>げんちほうじん</rt></ruby>
overseas assets	海外資產	<ruby>在外資産<rt>ざいがいしさん</rt></ruby>
overseas base	海外據點	<ruby>海外拠点<rt>かいがいきょてん</rt></ruby>
overseas branches	國外分公司、國外分行	<ruby>海外支店<rt>かいがいしてん</rt></ruby>
Overseas Economic Cooperation Fund	海外經濟協力基金	<ruby>海外経済協力基金<rt>かいがいけいざいきょうりょくききん</rt></ruby>
overseas expansion	進軍海外	<ruby>海外進出<rt>かいがいしんしゅつ</rt></ruby>
overseas investment, investment in foreign countries	海外投資、國外投資	<ruby>海外投資<rt>かいがいとうし</rt></ruby>

overseas lending	海外貸款	対外貸付 (たいがいかしつけ)
overseas market	國外市場	海外市場 (かいがいしじょう)
over-the-counter market	店頭交易市場	店頭株式市場 (てんとうかぶしきしじょう)
over-the-counter sale	店頭銷售、窗口銷售	店頭販売、窓口販売 (てんとうはんばい、まどぐちはんばい)
over-the-counter stock	上櫃股票	店頭株 (てんとうかぶ)
over-the-counter transaction	上櫃股票交易	店頭取引 (てんとうとりひき)
overtime allowance	加班費	超過勤務手当て (ちょうかきんむてあ)
overtime work	加班	超過勤務、残業 (ちょうかきんむ、ざんぎょう)
owned capital	自己資本	自己資本 (じこしほん)
owner	大股東	株主 (かぶぬし)
ownership	所有權	所有権 (しょゆうけん)

P

package	包、包裝、包裝容器	梱包 (こんぽう)
package deal	整套、整批交易	一括取引 (いっかつとりひき)
packer	包裝工人	荷造業者 (にづくりぎょうしゃ)
packing	包裝材料、包裝	荷造り、包装 (にづく、ほうそう)
packing case	包裝箱	包装箱 (ほうそうばこ)
packing extra	包裝費另計	包装料別払い (ほうそうりょうべつばら)
packing free	免費包裝	包装料無料 (ほうそうりょうむりょう)

packing list	裝箱單	パッキング・リスト
packing materials	包裝物料	包装材料
packing, baling	包裝	荷造り
packing, filler	填料、填充物	填料
paid holiday	支薪休假	有給休暇
paid off	已付	支払済
paid-up	付訖	払込済
panic	恐慌	恐慌
paper	鈔票、紙幣、票據証券	手形、書類
paper profit	帳面利益	未実現利益
par	平價	平価
par value	面額(價格)	額面(価格)
par value stock	票額價值股票	額面株式
parallel imports	平行進口	平行輸入
parcel post	郵政包裹	郵便小包
parcel post receipt	郵政包裹收據	郵便小包受取証
parcels	包裹	小荷物
parent company	母公司	親会社
partial redemption	解約贖回	解約
partial shipment	分批裝運	分割積出し
participation	參與	参加

particular average (PA)	單獨海損	たんどくかいそん 単独海損
partner	交易夥伴、合夥人	あいてさき 相手先、パートナー
partnership	合夥關係	きょうどうけいえいせい 共同経営制
parts	零件	ぶひん 部品
part-time labor system	時薪工作制	たんじかんきんむせい 短時間勤務制
part-timer	打工人員	パートタイマー
pass book	存摺	よきんつうちょう 預金通帳
passbook loans	存摺貸款	そうごうこうざかしこし 総合口座貸越
patent	專利	とっきょ 特許
patent fee	專利費	とっきょりょう 特許料
patent holder	專利持有人	とっきょしょじしゃ 特許所持者
patent infringement	侵犯專利權	とっきょけんしんがい 特許権侵害
patent law	專利法	とっきょほう 特許法
patent pending	專利申請中	とっきょしゅつがんちゅう 特許出願中
patent right	專利權	とっきょけん 特許権
patent rolls	專利登記簿	とっきょもくろく 特許目録
patent royalty	專利權使用費	とっきょけんしようりょう 特許権使用料
patentee	專利權所有人	とっきょけんしょゆうしゃ 特許権所有者
pattern	花樣、織物貨樣	がらみほん 柄見本
pattern card	式樣卡	かたみほん 型見本カード
pattern sample	式樣	かたみほん 型見本

pay	薪資	<ruby>給<rt>きゅう</rt></ruby><ruby>料<rt>りょう</rt></ruby>
pay day	發薪日、支付日	給料日
pay raise	加薪	賃上げ、昇給
payable on demand	見票付款	要求払い、参着払い
payable to bearer	應付持票人	持参人払い
payee, recipient	領款人、受款人	受取人、代金受取人
payer	付款人	支払人
pay-in slip	付款傳票	入金伝票
paying and receiving	出納	出納
paying in	存入、匯入	振込み
payment	支付、付款、付款條件	支払
payment days after sight	見票後__日付款	一覧後__日払い
payment by L/C	憑信用狀付款	信用状決済
payment by L/C	信用狀支付方式	信用状による支払方式
payment date	付款日	支払日
payment in advance,advance payment		
	預付、預先付款	前払い
payment in installments	分期付款	分割払い
payment of taxes	納稅	納税
payment on demand	即期付款	請求払い
payment settlement	決算	決済

payment....days after arrival of goods

	貨到後__日付款	着荷後…日払い
payroll tax expense	法定扣除額	法定福利費
peak	高值	高値
penalty	違約金、罰金	違約金
pension	年金	恩給、年金
pension funds	年金基金	年金基金
pension plan	退休年金制度	退職年金制度
pensioner	年金生活者	年金生活者
People's Finance Corporation	(日本)國民金融金庫	国民金融公庫
per-annum rate	年利率	年利
per-diem rate	日利率	日歩
performance rating	人事考核	人事考課
performance specification	性能規格表	性能仕様書
performance test	性能測試	性能テスト
period	期間	期間
period of loan	貸款期間	貸出し期間
permanent employment	終身雇用	終身雇用
permission	獲准	認可
PER-price-earnings ratio	股價盈利率	株価収益率
person in charge	負責人員	担当者、係

personal call	個人電話	私用電話
personal computer	個人電腦	パソコン
personal seal	印鑑	印鑑
personal tax income	個人所得稅	個人所得税
personnel changes	人事調動	人事移動
personnel department	人事部	人事部
personnel dispatch	人材派遣	人材派遣
personnel expenditure	人事費用	人件費
personnel management	人事管理	人事管理
petty cash	雜費、零用現金	小口現金、小銭
pharmaceuticals	藥品	薬品
place of production	產地、製造地	生産地
place of business	營業地點	営業所
place of shipment	裝運地點	積出地
planned economy	計劃經濟	計画経済
plant	成套設備、工廠設備	プラント
plant & equipment investment	設備投資	設備投資
plant capacity	工廠生產能力	工場生産力
plywood case	三夾板箱	合板箱
point of destination	目的地	仕向地
point of discharge	卸貨地點	揚地

point of sale	售點轉帳	販売時点
poor sale	銷路不好	売行不振
port dues	港稅、港捐	港湾使用料
port of delivery	交貨港	受渡港
port of destination	目的港	仕向港
port of entry	報關港口	通関港
port risk insurance	港內險保險	港内危険保険
portfolio	金融資產投資組合	金融資産の組合せ、ポートフォリオ
portfolio investment	有價証券投資	有価証券投資
portfolio of investment trust	投信投股	投信銘柄
position	部位	持ち高
positive figure, profit, surplus	黑字、盈餘、順差	黒字
(to) post (bookkeeping)	過帳	転記
postage expense	郵費	郵送費
postal life insurance	郵政壽險	簡易生命保険
postal savings	郵政儲金	郵便貯金
posted price	牌價、標價	公示価格
post-industrial society	脫工業化社會	脱工業化社会
posting	記帳、轉記	記帳、転記
post-office box	郵政信箱	私書箱
potential	潛能	潜在力

potential demand	潛在需要	<ruby>潜在需要<rt>せんざいじゅよう</rt></ruby>
pound (sterling)	英磅	<ruby>英<rt>えい</rt></ruby>ポンド
PPI-producer price index	生產者物價指數	<ruby>生産者物価指数<rt>せいさんしゃぶっか し すう</rt></ruby>
preferred stock	優先股	<ruby>優先株<rt>ゆうせんかぶ</rt></ruby>
premium	溢價、加成	<ruby>掛金<rt>かけきん</rt></ruby>、<ruby>割増金<rt>わりましきん</rt></ruby>
premium rate	保險費率	<ruby>保険料率<rt>ほ けんりょうりつ</rt></ruby>
prepaid card	預付卡	<ruby>代金前払<rt>だいきんまえばら</rt></ruby>いカード
prepaid expenses	預付費用	<ruby>前払<rt>まえばら</rt></ruby>い<ruby>費用<rt>ひ よう</rt></ruby>
prepaid insurance	預付保險費	<ruby>前払保険料<rt>まえばらい ほ けんりょう</rt></ruby>
prepaid interests	預付利息	<ruby>前払利息<rt>まえばらい り そく</rt></ruby>
prepayment	預付款	<ruby>前払金<rt>まえばらいきん</rt></ruby>
prepayment fee	到期前預付保證金	<ruby>満期前返済保証料<rt>まん き まえへんさい ほ しょうりょう</rt></ruby>
presentation	發表	<ruby>発表<rt>はっぴょう</rt></ruby>
president	董事長	<ruby>社長<rt>しゃちょう</rt></ruby>
press clipping	剪報	<ruby>新聞切抜<rt>しんぶんきり ぬ</rt></ruby>き
price	價格	<ruby>価格<rt>か かく</rt></ruby>、<ruby>値段<rt>ね だん</rt></ruby>
price book -value ratio	股價資產比率	<ruby>株価資産率<rt>かぶ か し さんりつ</rt></ruby>
price cartel	價格壟斷	<ruby>価格<rt>か かく</rt></ruby>カルテル
price competition	價格競爭	<ruby>価格競争<rt>か かくきょうそう</rt></ruby>
price competitive bidding	價格競標	<ruby>価格競争入札<rt>か かくきょうそうにゅうさつ</rt></ruby>
price difference	價格差額、差價	<ruby>値開<rt>ね びら</rt></ruby>き

price differential	價格差異	価格格差
price drop	價格崩跌	値崩れ
price flexibility	價格伸縮性	価格の伸縮性
price fluctuation	價格變動	価格変動
price increase	價格上漲	値上げ
price list (P/L)	價格表、價目單	価格表
price markdown, price cutting	減價、削價	値引け
price markup	加價、抬價	値上げ
price of introduced stock	上市公開價格	公開価格
price range	價格幅度	値幅
price spread	價格差距	値鞘
price tag	價格標籤	値札
price ticket	標價籤	正札
price-earnings ratio	股價收益率	株価収益率
primary industry	初級産業	一次産業
primary market	初級市場、發行市場	発行市場
primary offering	原始賣出價格	初回売出し
primary products	原料産品	一次産品
prime cost, cost price	原始成本、成本價	元値
prime rate	基本貸款利率、優惠貸款利率、最低利率	公定歩合、プライムレート 最優遇貸出し金利

principal	本金、本人	<ruby>元本<rt>がんぽん</rt></ruby>、<ruby>本人<rt>ほんにん</rt></ruby>
priority	優先權	<ruby>優先権<rt>ゆうせんけん</rt></ruby>
private capital	私人資本	<ruby>民間資本<rt>みんかんしほん</rt></ruby>
private deposits	私人存款	<ruby>一般預金<rt>いっぱんよきん</rt></ruby>
private enterprise	私營企業	<ruby>民間企業<rt>みんかんきぎょう</rt></ruby>
private financial agency	私營金融	<ruby>民間金融機関<rt>みんかんきんゆうきかん</rt></ruby>
private imports	個人進口	<ruby>個人輸入<rt>こじんゆにゅう</rt></ruby>
private investment	民間投資、私人投資	<ruby>民間投資<rt>みんかんとうし</rt></ruby>
private management	民營	<ruby>民営<rt>みんえい</rt></ruby>
private pension plan	企業年金制度	<ruby>企業年金制度<rt>きぎょうねんきんせいど</rt></ruby>
private placement	(股票的)配售	<ruby>私募<rt>しぼ</rt></ruby>、<ruby>第三者割り当て<rt>だいさんしゃわあ</rt></ruby>
private settlement	（私下）和解	<ruby>示談<rt>じだん</rt></ruby>
privatization	民營化	<ruby>民営化<rt>みんえいか</rt></ruby>
procedure	手續	<ruby>手続き<rt>てつづ</rt></ruby>
proceeds of sales	售貨總值	<ruby>売上金<rt>うりあげきん</rt></ruby>
process control	加工工程管理	<ruby>工程管理<rt>こうていかんり</rt></ruby>
process study	加工工程分析	<ruby>工程分析<rt>こうていぶんせき</rt></ruby>
processing charges	委託加工費	<ruby>委託加工費<rt>いたくかこうひ</rt></ruby>
processing deal	委託加工	<ruby>委託加工<rt>いたくかこう</rt></ruby>
processing deal contract	委託加工合同	<ruby>委託加工契約<rt>いたくかこうけいやく</rt></ruby>
procrastination of opening L/C	拖延開設信用狀	<ruby>信用状開設引延し<rt>しんようじょうかいせつひきのば</rt></ruby>

115

procurement	採購	<ruby>調達<rt>ちょうたつ</rt></ruby>
procurement of funds	調度資金	<ruby>資金調達<rt>し きんちょうたつ</rt></ruby>
producers' price of rice	(日本)生產者米價	<ruby>生産者米価<rt>せいさんしゃべい か</rt></ruby>
product	產品	<ruby>製品<rt>せいひん</rt></ruby>
product development	研發新產品	<ruby>製品開発<rt>せいひんかいはつ</rt></ruby>
product diversification	產品多樣化	<ruby>製品の多様化<rt>せいひん た ようか</rt></ruby>
production	生產、製造	<ruby>生産、製造<rt>せいさん せいぞう</rt></ruby>
production adjustment	生產調整	<ruby>生産調整<rt>せいさんちょうせい</rt></ruby>
production and marketing	產銷	<ruby>生産販売<rt>せいさんはんばい</rt></ruby>
production base	生產據點	<ruby>生産拠点<rt>せいさんきょてん</rt></ruby>
production control	生產管理	<ruby>生産管理<rt>せいさんかん り</rt></ruby>
production cost	製造成本、生產成本	<ruby>製造原価、生産費<rt>せいぞうげん か せいさん ひ</rt></ruby>
production cut	生產削減	<ruby>生産削減<rt>せいさんさくげん</rt></ruby>
production position	生產據點	<ruby>生産拠点<rt>せいさんきょてん</rt></ruby>
production process	生產工程	<ruby>生産工程<rt>せいさんこうてい</rt></ruby>
production trend	生產動向	<ruby>生産動向<rt>せいさんどうこう</rt></ruby>
productivity	生產力、生產率	<ruby>生産性<rt>せいさんせい</rt></ruby>
profession	職業、專工	<ruby>専門職<rt>せんもんしょく</rt></ruby>
professional expenses	顧問費	<ruby>顧問料<rt>こ もんりょう</rt></ruby>
profit	利益、利潤	<ruby>利益、利潤<rt>り えき り じゅん</rt></ruby>

profit & loss statement	損益對照表	<ruby>損益計算書<rt>そんえきけいさんしょ</rt></ruby>
profit decrease	減益	<ruby>減益<rt>げんえき</rt></ruby>
profit improvement	利益增加	<ruby>利益改善<rt>りえきかいぜん</rt></ruby>
profit increase	增益	<ruby>増益<rt>ぞうえき</rt></ruby>
profit management	利益管理	<ruby>利益管理<rt>りえきかんり</rt></ruby>
profit margin	利潤率	<ruby>利ザヤ<rt>り</rt></ruby>
profit on sales	銷售利潤	<ruby>売却益<rt>ばいきゃくえき</rt></ruby>
profit on the sales of fixed assets		
	銷售固定資産利益	<ruby>固定資産売却益<rt>こていしさんばいきゃくえき</rt></ruby>
profit planning	盈利計劃	<ruby>利益計画<rt>りえきけいかく</rt></ruby>
profit sharing	盈利分配	<ruby>利潤分配<rt>りじゅんぶんぱい</rt></ruby>
profit taking	獲利回吐	<ruby>利食い<rt>りぐ</rt></ruby>
profit taking sales	獲利賣出	<ruby>利食い売り<rt>りぐう</rt></ruby>
profit	售貨盈利	<ruby>採算<rt>さいさん</rt></ruby>
profitability	收益性、獲利率	<ruby>収益性、採算性<rt>しゅうえきせいさいさんせい</rt></ruby>
profits, gains, earnings	利潤、利益、收益	<ruby>もうけ、収益<rt>しゅうえき</rt></ruby>
proforma invoice	形式發票	<ruby>試算送り状<rt>しさんおくじょう</rt></ruby>
progress payment	依成數拆帳	<ruby>出来高払い<rt>できだかばら</rt></ruby>
progressive taxation	累進課税	<ruby>累進課税<rt>るいしんかぜい</rt></ruby>
project	計劃、工程	<ruby>企画<rt>きかく</rt></ruby>
projected dividend rates	預測分配率	<ruby>予想配当率<rt>よそうはいとうりつ</rt></ruby>

P

promising	前景看好	<ruby>有望<rt>ゆうぼう</rt></ruby>な
promising company	前景看好企業	<ruby>有望企業<rt>ゆうぼう き ぎょう</rt></ruby>
promissory note (P/N)	期票、本票	<ruby>約束手形<rt>やくそく て がた</rt></ruby>
promotion	昇級、促銷、推廣	<ruby>昇進<rt>しょうしん</rt></ruby>、<ruby>促進<rt>そくしん</rt></ruby>
promotional expenses	促銷費用	<ruby>販売促進費<rt>はんばいそくしん ひ</rt></ruby>
prompt shipment, immediate shipment		
	即期裝船、即期裝運	<ruby>直積<rt>じきづ</rt></ruby>み
proof of date of shipment	裝船日期證明	<ruby>船積日証明<rt>ふなづみ び しょうめい</rt></ruby>
property	財産	<ruby>財産<rt>ざいさん</rt></ruby>
property administration	財産管理	<ruby>財産管理<rt>ざいさんかん り</rt></ruby>
property estate	財産	<ruby>財産<rt>ざいさん</rt></ruby>
prosperity	景氣好	<ruby>好景気<rt>こうけい き</rt></ruby>
protection	保護	<ruby>保護<rt>ほ ご</rt></ruby>
protection of patent	專利權的保護	<ruby>特許権<rt>とっきょけん</rt></ruby>の<ruby>保護<rt>ほ ご</rt></ruby>
protectionism	保護主義	<ruby>保護主義<rt>ほ ごしゅ ぎ</rt></ruby>
protective trade	保護貿易	<ruby>保護貿易<rt>ほ ご ぼうえき</rt></ruby>
provision	規定、條款、預付款	<ruby>条項<rt>じょうこう</rt></ruby>
provisional execution	假執行	<ruby>仮執行<rt>かりしっこう</rt></ruby>
public bonds	政府債券	<ruby>公債<rt>こうさい</rt></ruby>
public corporation	公營公司	<ruby>公団<rt>こうだん</rt></ruby>、<ruby>公社<rt>こうしゃ</rt></ruby>
public corporation bond	公營公司債	<ruby>公社債<rt>こうしゃさい</rt></ruby>

public debt	公債	こうさい 公債
public deposits	國庫存款	こうきんよきん 公金預金
public finance	財政	ざいむ ざいせい 財務、財政
public investment	公共投資	こうきょうとうし 公共投資
public issues	(股票、債券等的)公開發行	こうぼさい 公募債
public offering	(股票、証券的)公開發售	こうぼ 公募
public opinion pull	民意測驗	せろんちょうさ 世論調査
public recognition factor	知名度	ちめいど 知名度
public relations	公共關係	こうほうかつどう 広報活動、ピーアール(PR)
public sector	公共部門	こうきょうぶもん 公共部門
public utilities	公用事業、公益事業	こうきょうきぎょうたい こうえきじぎょう 公共企業体、公益事業
public works	公共事業	こうきょうじぎょう どぼくこうじ 公共事業、土木工事
publicity	宣傳、廣告	せんでん こうこく 宣伝、広告
purchase	購買、訂購	こうにゅう しい 購入、仕入れ
purchase cost, original cost	進貨成本、原始成本	しいれげんか 仕入原価
purchase on account, purchase on credit		
	賒購、記帳購買	かけがい 掛買い
purchase order	購貨訂單	こうにゅうしじしょ 購入指示書
purchase price	購買價、買價	しいれかかく 仕入価格
purchasing agent	購貨代理商、代購商	かいつけだいりてん 買付代理店
purchasing contract	購貨合同	こうにゅうけいやく 購入契約

purchasing control	採購管理	こうばいかんり 購買管理
purchasing power	購買力	こうばいりょく 購買力

Q

QC-quality control	品質管理	ひんしつかんり 品質管理
quality	品質	ひんしつ 品質
quantity	數量	すうりょう 数量
quantity delivered	交貨數量	うけわたしすうりょう 受渡数量
quantity discount	數量折扣	すうりょうねび 数量値引き
quantity order	大量訂購	たりょうちゅうもん 多量注文
quarantine	檢疫	けんえき 検疫
quarter	一季	しはんき 四半期
questionnaire survey	問卷調查	ちょうさ アンケート調査
quota	持分、配額	もちぶん、わりあ、がく 持分、割当て額
quota import	限額進口	わりあてゆにゅう 割当輸入
quotation	報價、價格、 時價、行情	みつ、たてね、じか 見積もり、建値、時価、 けはい、そうば 気配、相場

R

raising of fund	資金調度	資金調達
(to) rally	回復、反彈	戻す(v)、反発
rank-and-filer	一般成員	一般組合員
rate	利率、比率、率	利率、割合、歩合、割当
rate of economic growth	經濟成長率	経済成長率
rate of operation	開工率、產能利用率	稼働率、操業率
rate of return	(資本)報酬率、收益率	収益率
rating	評定等級、決定費率	格付け
rating agency	評等機關	格付け機関
ratio	比價、比率	比率
rationalization	合理化	経営合理化
raw material	原料	原料
reaction	反應、漲多回跌	反落、おしめ
ready-made article	現成品	既製品
real economic growth rate	實際國民總產值	実質経済成長率
real estate	不動產	不動産
real estate business	不動產業	不動産業
real estate income	不動產所得	不動産所得

R

real estate income tax	不動産所得税	不動産所得税 _{ふ どうさんしょ とくぜい}
real interest cost/expense	實值借入利息成本	実質借入金利 _{じっしつかりいれきん り}
real rate of interest	實質利率	実質金利 _{じっしつきん り}
(in) real terms	實質	実質 _{じっしつ}
real wage	實際薪資	実質賃金 _{じっしつちんぎん}
realization	換成現金、變現	換金 _{かんきん}
reasonable in prices	合理價格、價錢公道	値頃 _{ね ごろ}
reasonable price; fair price	合理價格、公平價格	適正価格 _{てきせい か かく}
rebate	回扣、回佣	リベート
rebound	價格反彈	反発 _{はんぱつ}
receipt	收據、回執	受取証 _{うけ とりしょう}
receipt/arrival of goods	到貨	入荷 _{にゅう か}
receipts decrease	收入減少	減収 _{げんしゅう}
receipts, income	進款	入金 _{にゅうきん}
(to) receive an order	收到訂單	受注 _{じゅちゅう}
receiving note	收貨單	積荷受取書 _{つみ に うけとりしょ}
reception	接待	受付 _{うけつけ}
reception	招待會、宴會	レセプション
recession	(經濟)衰退	不景気、景気後退 _{ふ けい き けい き こうたい}
recipient	收受人、接受者	受取人 _{うけ とりにん}
reciprocal	互相	相互 _{そう ご}

reciprocal L/C	對開信用狀	<ruby>相殺信用状<rt>そうさいしんようじょう</rt></ruby>
(to) reckon from a date	計算、估算	<ruby>起算<rt>きさん</rt></ruby>
recognition	認証	<ruby>認証<rt>にんしょう</rt></ruby>
recommendation	推薦	<ruby>勧告<rt>かんこく</rt></ruby>
recommended stock	推薦股	<ruby>推奨株、推薦<rt>すいしょうかぶ すいせん</rt></ruby>
recovery	回復、復甦	<ruby>出直り、回復<rt>でなおり かいふく</rt></ruby>
recovery of loans	追回貸款	<ruby>貸出しの回収<rt>かしだし かいしゅう</rt></ruby>
recurring income	經常續生收入	<ruby>経常利益<rt>けいじょうりえき</rt></ruby>
recurring profit & loss	續生損益	<ruby>経常損益<rt>けいじょうそんえき</rt></ruby>
redeemable preferred stock	可贖優先股票	<ruby>償還優先株<rt>しょうかんゆうせんかぶ</rt></ruby>
redeemable stock	可贖股	<ruby>償還株式<rt>しょうかんかぶしき</rt></ruby>
redemption	贖回、償還、抵銷	<ruby>補償、買戻し、償却<rt>ほしょう かいもど しょうきゃく</rt></ruby>
redemption of a debt	償還債務	<ruby>債務償還<rt>さいむしょうかん</rt></ruby>
redevelopment	再開發	<ruby>再開発<rt>さいかいはつ</rt></ruby>
reduction	減少	<ruby>減少<rt>げんしょう</rt></ruby>
reduction in price	減價、降價	<ruby>値下げ<rt>ねさ</rt></ruby>
reference number	參照號碼、認證號碼	<ruby>照合番号<rt>しょうごうばんごう</rt></ruby>
refrigerated cargo	冷藏貨物、冷凍貨物	<ruby>冷凍貨物<rt>れいとうかもつ</rt></ruby>
refrigerated compartment	冷藏倉、冷藏庫	<ruby>冷凍室<rt>れいとうしつ</rt></ruby>
refrigerated container	冷藏貨櫃	<ruby>冷凍コンテナ<rt>れいとう</rt></ruby>
refrigerated vessel	冷藏船	<ruby>冷蔵船<rt>れいぞうせん</rt></ruby>

refrigerating car	冷藏車	れいぞうしゃ 冷蔵車
refund	償還、還款	へんさい　はら　もど 返済、払い戻し
refunding	再集資(換約)	か　か 借り換え
refundment	退款	はらいもど 払戻し
refusal	拒絕	きょぜつ 拒絶
regional bank	地區銀行	ち ほうぎんこう 地方銀行
register, registration	登記、註冊	とうろく 登録
registered check	記名支票	き めいしきこ ぎって 記名式小切手
registered mail	掛號郵件	かきとめゆうびん 書留郵便
registered trademark	註冊商標	とうろくしょうひょう 登録商標
registration	登記	とうろく　とう き 登録、登記
regular increase	定期加薪	てい き しょうきゅう 定期昇給
regular pay	本俸	ほんきゅう 本給
regulation	限制	き せい 規制
reimbursement	償還	はら　もど 払い戻し
re-import	再進口	ぎゃく ゆ にゅう 逆輸入
rejection	反對、拒絕	きょぜつ 拒絶
related field	相關分野	かんれんぶん や 関連分野
relief loan	救急資金	し きん つなぎ資金
relocation	更新重置	はい ち てんかん 配置転換
remainder	剩餘款項	ざんだか 残高

remaining debt	債務餘額	さいむざんだか 債務残高
reminder	催款單	さいそくじょう 催促状
remittance	匯款、匯付	そうきん 送金
remittance check	匯款支票	そうきんこぎって 送金小切手
remittance slip	匯款通知單	そうきんつうちしょ 送金通知書
remittance	匯付、匯款	かわせそうきん 為替送金
remitter	匯款人	そうきんにん 送金人
remitting bank	匯款銀行	そうきんぎんこう 送金銀行
removal	撤消	てっぱい 撤廃
removal of ban	解禁	かいきん 解禁
remuneration	報酬	ほうしゅう 報酬
rent	租金、地租	ちんたいりょう　しゃくちりょう 賃貸料、借地料
rental agent's commission	仲介手續費	たいしゃくてすうりょう 貸借手数料
rented house	租房	しゃくや 借家
reorganization	組織改造	そしきかいせい 組織改正
reorientation	轉換方向	ほうこうてんかん 方向転換
repacking	重新包裝	つめか 詰替え
repairs expense	維修費	しゅうぜんひ 修繕費
reparation, indemnity	賠償	ばいしょう 賠償
repayment	付還、還款	べんさい　へんさい　しょうかん 弁済、返済、償還
replacement cost	重置成本	しんぴんとりかえひ 新品取替え費

R

report	報告	報告
representative	代表、代理	代表、代表者
repurchase	買回	買戻し
repurchase agreements-RPs	附買回條件(證券)	買戻し条件付(証券販売)
request for bid	投標要求	入札請求
requesting bank	委託開狀銀行	信用状開設依頼銀行
resale	轉售	転売
resale price	轉售價格	再販価格
resave supply of money	準備金	準備金
reschedule debt	債務延期	債務繰り延べ
research	調查	調査、研究
Research & Development-R&D	研究開發	研究開発
reserve asset	準備資產	準備資産
reserve bank	儲備銀行	準備銀行
reserve for depreciation	折舊準備	原価償却引当金
reserve for doubtful accounts	呆帳準備	貸倒れ準備金
reserve requirements change	準備金帳戶操作	準備預金操作
reserved fund	儲備基金	積立金
reserves	儲備金、準備金	引当金
resident	居民	居住者
resident tax	居民稅	住民税

resources	資源	資源
restatement	訂正	訂正
restoration of marginal profits	利潤歸還	差益還元
restriction	限制	制限
restriction of expansion/inflation		
	抑制膨脹	膨張抑制
restructuring	重造	再構築
result	業績	業績
resume	履歷表	履歷書
resumption of dividend	恢復配息	復配
retail	零售	小売
retail earnings	保留收益	留保利益
retail outlet	零售店	小売店
retail prices	零售物價	小売物価
retail store	零售店	小売店
retail trade, retail business	零售業	小売業
retail trader	零售商	小売業者
retailer	零售商	小売商
retaliatory measure	報復措施	報復措置
retirement	退休	退職、定年
retirement allowance	退休金	退職金

R

retirement annuity	企業年金	企業年金 (きぎょうねんきん)
retirement of shares	贖回股份	株式償却 (かぶしきしょうきゃく)
return of goods	退貨	返品 (へんぴん)
return on investment	投資報酬率	投下資本利益率 (とうかしほんりえきりつ)
return percentage	報酬率	回転率 (かいてんりつ)
revaluation	重新估價	再見積 (さいみつもり)
revenue	收入、歲收	歳入 (さいにゅう)
revenue and expenditure	收益費用、營業支出	出納 (すいとう)
revenue from operations	營業收益	営業収益 (えいぎょうしゅうえき)
revenue stamp	印花	収入印紙 (しゅうにゅういんし)
reversal	反轉	取り崩し (とくず)
reverse trade	逆向貿易	逆貿易 (ぎゃくぼうえき)
right	權利	権利 (けんり)
right of claim	請求權	請求権 (せいきゅうけん)
right of trade	營業權	営業権 (えいぎょうけん)
right of trade mark	商標權	商標権 (しょうひょうけん)
rise	漲價	あがる(v)、騰貴 (とうき)
rising rate	上漲率	上昇率 (じょうしょうりつ)
risk	危險、風險	リスク、危険 (きけん)
risk assessment	風險評估	危険査定 (きけんさてい)
roll over	以新証券取代舊証券	借換え、借つなぎ (かりか、かり)

rolling over of loan	融資延期繳付	ころがし融資 （ゆうし）
rotation	循環	循環 （じゅんかん）
royalty (on a book)	專利權、著作權	特許権、使用料、印税 （とっきょけん、しようりょう、いんぜい）
rubber stamp	橡皮圖章	ゴム印 （いん）
run (on a bank)	（銀行）擠兌	取付け （とりつ）

S

S/O NO.	裝貨單	船積番号 （ふなづみばんごう）
sabotage	怠工、怠業	サボタージュ
sacrifice price	虧本售價、拋價	捨値 （すてね）
sacrifice sale	虧本出售、認賠拋售	投売り （なげう）
safe deposit box	保險箱	貸金庫 （かしきんこ）
safety	安全	安全 （あんぜん）
safety control	保全管理	安全管理 （あんぜんかんり）
safety stock	安全庫存	安全在庫 （あんぜんざいこ）
salary	薪資	給料 （きゅうりょう）
salary earner	上班族	給与所得者 （きゅうよしょとくしゃ）
salary expenses	固定薪資	固定給与 （こていきゅうよ）
sale	銷路、行銷、發售	売行、発売 （うれゆき、はっぱい）
sale by subscription	預約銷售	予約売買 （よやくばいばい）

sale confirmation	售貨確認書	売渡確認書
sale on open account	賒售、賒銷	掛売り
sales	銷售(額)、銷路、營業額	売却、販売、売上げ
sales contract	銷貨合同	売渡契約
sales cost	銷售費用	販売費
sales expansion	擴大銷售	販売拡大
sales forecast	銷售預測	販売予測
sales on consignment	寄賣	委託販売
sales promotion	促銷	販売促進、セールス・プロモーション
sales strategy	銷售策略	販売戦略
sales tax	銷售稅	売上税、物品税
sales territory	銷售地區	販売領域
sales tie-up	銷售夥伴	販売提携
sales volume	銷售量	販売量、売上高
salesman	推銷員、業務員	セールスマン
sample	樣品	見本
sample discount	樣品折扣	見本割引
sample export	樣品出口	見本輸出
sample inspection	抽驗	抜き取り検査
sample order, an order sample	憑樣訂貨、貨樣試購	見本注文
sample, pattern, specimen	樣品、樣本、貨樣	見本（サンプル）

samurai bonds	日幣外債	<ruby>円<rt>えん</rt></ruby>建て<ruby>外債<rt>がいさい</rt></ruby>
savings	儲蓄	<ruby>貯蓄<rt>ちょちく</rt></ruby>
savings account	普通存款帳戶	<ruby>普通預金勘定<rt>ふつうよきんかんじょう</rt></ruby>
savings deposit	儲蓄存款	<ruby>貯蓄性預金<rt>ちょちくせいよきん</rt></ruby>
savings ratio	儲蓄率	<ruby>貯蓄率<rt>ちょちくりつ</rt></ruby>
Science and Technology Agency	（日本)科學技術廳	<ruby>科学技術庁<rt>かがくぎじゅつちょう</rt></ruby>
scrap	碎屑、廢料	スクラップ
sea borne articles	進口貨	<ruby>舶来品<rt>はくらいひん</rt></ruby>
seal	封印、封條、封鉛、蓋章	<ruby>封印<rt>ふういん</rt></ruby>、<ruby>捺印<rt>なついん</rt></ruby>
seal off	封印脫開、無封條	<ruby>封印切れ<rt>ふういんぎ</rt></ruby>、<ruby>封印<rt>ふういん</rt></ruby>なし
seasonal fluctuation	季節性變動	<ruby>季節変動<rt>きせつへんどう</rt></ruby>
second half	下半期	<ruby>下期<rt>しもき</rt></ruby>
second hand	二手貨	<ruby>中古品<rt>ちゅうこひん</rt></ruby>
secondary industry	二次產業(工業)	<ruby>二次産業<rt>にじさんぎょう</rt></ruby>
secondary market (the)	二級市場	<ruby>流通市場<rt>りゅうつうしじょう</rt></ruby>
secondary wholesaler	二級批發盤商	<ruby>二次問屋<rt>にじどんや</rt></ruby>
secret identification number	認証密碼	<ruby>暗証番号<rt>あんしょうばんごう</rt></ruby>
secretary	秘書	<ruby>秘書<rt>ひしょ</rt></ruby>
section chief	科長	<ruby>課長<rt>かちょう</rt></ruby>
secure	擔保	<ruby>担保<rt>たんぽ</rt></ruby>を<ruby>付<rt>つ</rt></ruby>ける
secured contract	擔保契約	<ruby>担保契約<rt>たんぽけいやく</rt></ruby>

secured debenture	擔保債券	<ruby>担<rt>たん</rt></ruby><ruby>保<rt>ぼ</rt></ruby><ruby>付<rt>つき</rt></ruby><ruby>社<rt>しゃ</rt></ruby><ruby>債<rt>さい</rt></ruby>
secured loan	附擔保貸款	<ruby>担<rt>たん</rt></ruby><ruby>保<rt>ぼ</rt></ruby><ruby>付<rt>つ</rt></ruby>きのローン
securities	有價證券、證券	<ruby>有<rt>ゆう</rt></ruby><ruby>価<rt>か</rt></ruby><ruby>証<rt>しょう</rt></ruby><ruby>券<rt>けん</rt></ruby>、<ruby>証<rt>しょう</rt></ruby><ruby>券<rt>けん</rt></ruby>
Securities & Exchange Commission		
	証券交易委員會	<ruby>証<rt>しょう</rt></ruby><ruby>券<rt>けん</rt></ruby><ruby>取<rt>とり</rt></ruby><ruby>引<rt>ひき</rt></ruby><ruby>委<rt>い</rt></ruby><ruby>員<rt>いん</rt></ruby><ruby>会<rt>かい</rt></ruby>
securities business	証券業	<ruby>証<rt>しょう</rt></ruby><ruby>券<rt>けん</rt></ruby><ruby>業<rt>ぎょう</rt></ruby>、<ruby>証<rt>しょう</rt></ruby><ruby>券<rt>けん</rt></ruby><ruby>業<rt>ぎょう</rt></ruby><ruby>務<rt>む</rt></ruby>
securities company	証券公司	<ruby>証<rt>しょう</rt></ruby><ruby>券<rt>けん</rt></ruby><ruby>会<rt>がい</rt></ruby><ruby>社<rt>しゃ</rt></ruby>
securities exchange	証券交易所	<ruby>証<rt>しょう</rt></ruby><ruby>券<rt>けん</rt></ruby><ruby>取<rt>とり</rt></ruby><ruby>引<rt>ひき</rt></ruby><ruby>所<rt>じょ</rt></ruby>
securities finance loans	証券金融	<ruby>証<rt>しょう</rt></ruby><ruby>券<rt>けん</rt></ruby><ruby>金<rt>きん</rt></ruby><ruby>融<rt>ゆう</rt></ruby>
securities market	証券市場	<ruby>証<rt>しょう</rt></ruby><ruby>券<rt>けん</rt></ruby><ruby>市<rt>し</rt></ruby><ruby>場<rt>じょう</rt></ruby>
securitization	金融証券化	<ruby>金<rt>きん</rt></ruby><ruby>融<rt>ゆう</rt></ruby>の<ruby>証<rt>しょう</rt></ruby><ruby>券<rt>けん</rt></ruby><ruby>化<rt>か</rt></ruby>
security	保證、擔保、保證金	<ruby>保<rt>ほ</rt></ruby><ruby>障<rt>しょう</rt></ruby>、<ruby>担<rt>たん</rt></ruby><ruby>保<rt>ぼ</rt></ruby>、<ruby>保<rt>ほ</rt></ruby><ruby>証<rt>しょう</rt></ruby>
security collateral	擔保	<ruby>担<rt>たん</rt></ruby><ruby>保<rt>ぼ</rt></ruby>
segmentation	分割	<ruby>分<rt>ぶん</rt></ruby><ruby>割<rt>かつ</rt></ruby>、<ruby>細<rt>さい</rt></ruby><ruby>分<rt>ぶん</rt></ruby><ruby>化<rt>か</rt></ruby>
seizure	扣押、扣留	（<ruby>貨<rt>か</rt></ruby><ruby>物<rt>もつ</rt></ruby>の）<ruby>押<rt>おう</rt></ruby><ruby>収<rt>しゅう</rt></ruby>
selective buying	選擇購買	<ruby>物<rt>ぶっ</rt></ruby><ruby>色<rt>しょく</rt></ruby><ruby>買<rt>が</rt></ruby>い
selective lending	選擇性融買	<ruby>選<rt>せん</rt></ruby><ruby>別<rt>べつ</rt></ruby><ruby>融<rt>ゆう</rt></ruby><ruby>資<rt>し</rt></ruby>
self-employed	自營	<ruby>自<rt>じ</rt></ruby><ruby>営<rt>えい</rt></ruby>
self-restraint on exports	出口自我限制	<ruby>輸<rt>ゆ</rt></ruby><ruby>出<rt>しゅつ</rt></ruby><ruby>自<rt>じ</rt></ruby><ruby>主<rt>しゅ</rt></ruby><ruby>規<rt>き</rt></ruby><ruby>制<rt>せい</rt></ruby>
sell off, sell out	售完、賣光	<ruby>売<rt>うり</rt></ruby><ruby>切<rt>きれ</rt></ruby>
sell order	賣單	<ruby>売<rt>う</rt></ruby>り<ruby>注<rt>ちゅう</rt></ruby><ruby>文<rt>もん</rt></ruby>

sell well	暢銷	うれゆきりょうこう 売行良好
seller	賣方	う て 売り手
seller, vendor	賣方、賣主	うりて 売手
seller's sample	賣主貨樣	うり て み ほん 売手見本
seller's market	賣方市場	う て しじょう 売り手市場
selling cost	銷售費用	はんばい ひ 販売費
selling on a rally	止跌回升售出	もど う 戻り売り
selling price	銷售價格、售價、賣價	はんばい か かく ばい か 販売価格、売価
semi-annual settlement	半年報告	ちゅうかんけっさん 中間決算
semi-conductor	半導體	はんどうたい 半導体
semi-finished product	半成品	はん せい ひん 半製品
semi-governmental management	半官方經營	はんかんはんみん 半官半民
send afterwards	補發、補送	つい か はっそう 追加発送
senior debt	優先債務	ゆうせんさい む 優先債務
senior managing director	高級董事	せん む とりしまりやく 専務取締役
seniority	先任權、年資	せんにんけん 先任権
seniority system	(日本)年功序列制	ねんこうじょれつせい 年功序列制
seniority wage system	(日本)年功序列薪資體系	ねんこうじょれつちんぎんせい 年功序列賃金制
separate taxation	分離課稅	ぶん り か ぜい 分離課税
serial number	編號、順序號	とお ばんごう 通し番号
session	交割、開會	たち あ 立会い

settlement by means yen	用日元結算	<ruby>円決済<rt>えんけっさい</rt></ruby>
settlement date	(証券、股票)交割日、結帳日	<ruby>期日<rt>きじつ</rt></ruby>
settlement of accounts	結帳	<ruby>決算<rt>けっさん</rt></ruby>
settlement of exchange	結匯	<ruby>為替決済<rt>かわせけっさい</rt></ruby>
settlement procedure	和解手續	<ruby>和解手続き<rt>わかいてつづ</rt></ruby>
share	比例、股票	<ruby>割合<rt>わりあい</rt></ruby>、<ruby>株式<rt>かぶしき</rt></ruby>
share certificate	股票	<ruby>株券<rt>かぶけん</rt></ruby>
shareholder	股東	<ruby>株主<rt>かぶぬし</rt></ruby>
shareholder's meeting	股東大會	<ruby>株主総会<rt>かぶぬしそうかい</rt></ruby>
sharp price increase	價格急漲	<ruby>急騰<rt>きゅうとう</rt></ruby>
shift	轉換、輪班工作	<ruby>交替<rt>こうたい</rt></ruby>、<ruby>交替勤務<rt>こうたいきんむ</rt></ruby>
shift system	轉換制度	<ruby>交替制度<rt>こうたいせいど</rt></ruby>
ship	船舶	<ruby>船舶<rt>せんぱく</rt></ruby>
ship's space	艙位	シップズ・スペース
shipbuilding	造船(業)	<ruby>造船<rt>ぞうせん</rt></ruby>(<ruby>業<rt>ぎょう</rt></ruby>)
shipment	裝船、出貨	<ruby>船積<rt>ふなづみ</rt></ruby>、<ruby>出荷<rt>しゅっか</rt></ruby>
shipment at seller's option	船期由賣方決定	<ruby>売手任意積み<rt>うりてにんいづ</rt></ruby>
shipper	托運人、發貨人	<ruby>積出人<rt>つみだしにん</rt></ruby>
shipping agency	海運代理人	<ruby>海運代理店<rt>かいうんだいりてん</rt></ruby>
shipping agent	船務代理行、海運代理人	シッピング・エージェント、<ruby>船積業者<rt>ふなづみぎょうしゃ</rt></ruby>

shipping bill	出口清單	<ruby>輸<rt>ゆ</rt></ruby><ruby>出<rt>しゅつ</rt></ruby><ruby>明細書<rt>めいさいしょ</rt></ruby>
shipping clause	裝運條款	<ruby>船積<rt>ふなづみ</rt></ruby><ruby>条項<rt>じょうこう</rt></ruby>
shipping date	裝船日期	<ruby>船積日<rt>ふなづみび</rt></ruby>
shipping documents	裝船憑證、裝船單據	シッピング・ドキュメンツ
shipping expenses	裝運費用	<ruby>船積費用<rt>ふなづみひよう</rt></ruby>
shipping invoice	裝貨發票	<ruby>船積<rt>ふなづみ</rt></ruby>インボイス
shipping order (S/O)	裝貨單	<ruby>船積指示書<rt>ふなづみししょ</rt></ruby>、シッピング・オーダー
shipping parcel receipt	船運包裹收據	<ruby>船積小包受取証<rt>ふなづみこづみうけとりしょう</rt></ruby>
shipping parcel	船運包裹	<ruby>船積小包<rt>ふなづみこづみ</rt></ruby>
shipping sample	裝船貨樣	<ruby>船積見本<rt>ふなづみみほん</rt></ruby>
shipping space broker	艙位經紀人	<ruby>甲種仲立人<rt>こうしゅなかだちにん</rt></ruby>
shipping weight	裝船重量、離岸重量	<ruby>積重量<rt>つみじゅうりょう</rt></ruby>
shipping, forwarding	裝運、發送	<ruby>積出<rt>つみだ</rt></ruby>し
shirk payment of bill	賴帳	<ruby>踏倒<rt>ふみたお</rt></ruby>し
shop	店	<ruby>店<rt>てん</rt></ruby>（みせ）
(to) shore/prop up	支撐	<ruby>テコ入<rt>い</rt></ruby>れ
short contract	空頭交易合同	<ruby>空契約<rt>からけいやく</rt></ruby>
short delivery	短交、交貨不足	ショート・デリバリー、 <ruby>受渡不足<rt>うけわたしぶそく</rt></ruby>、<ruby>引渡品不足<rt>ひきわたしひんぶそく</rt></ruby>
short from B/L	簡式提單	ショート・フォーム・ビー・エル
short landing	短卸	<ruby>揚不足<rt>あげぶそく</rt></ruby>

135

short sale	賣空	空売り
short shipment	短裝	ショート・シップメント
short shipped	少裝	積残り
short supply	供不應求、供應不足	供給不足
shortage	短缺	不足
shortage of capital	資本短缺	資本不足
shortage of goods	貨源緊張	品不足
short-term	短期	短期
short-term contract	短期契約	短期契約
short-term credit	短期信用	短期信用
short-term credit market	短期金融市場	短期金融市場
short-term forecast	短期預測	短期予測
short-term liquidity	短期流動性	短期流動性
short-term loan	短期貸款	短期貸付
short-term transaction	短期交易	短期取引
show room	樣品間	ショー・ルーム
shut out	退關	積込拒絶
shut-out cargo	退關貨物	積込拒絶貨物
sight	即期	一覧
sight bill	見票即付、即期匯票	一覧払い（手形）
sight draft（D/D）	即期匯票	参着払手形

sight L/C	即期信用狀	一覧払い信用状 <small>いちらんばら　しんようじょう</small>
signature and seal	簽名蓋章	署名捺印 <small>しょめいなついん</small>
signet	圖章、私章	認印 <small>みとめいん</small>
similar products	類似製品	類似品 <small>るいじひん</small>
simple annual interest	單利	単利 <small>たんり</small>
simple credit	單純信用狀	シンプル・クレジット
site	地基、場地、工地	敷地 <small>しきち</small>
size	尺寸	サイズ
skilled worker	熟練工人	熟練労働者 <small>じゅくれんろうどうしゃ</small>
skyrocketing	飛漲的價格	青天井、暴騰 <small>あおてんじょう　ぼうとう</small>
slack	蕭條期	閑散 <small>かんさん</small>
(to) slacken	鈍化	ボケる
slightly firmer	趨堅	小じっかり <small>こ</small>
(to) slip	崩跌	くずれる(v)
sliver market	銀髮族市場	シルバー市場 <small>しじょう</small>
slump	暴跌	暴落 <small>ぼうらく</small>
slump in business	業績暴跌	業績不振 <small>ぎょうせきふしん</small>
small (amount)	小金額	小口 <small>こぐち</small>
small and medium-sized enterprises		
	中小企業	中小企業 <small>ちゅうしょうきぎょう</small>
small business	小型企業	零細企業 <small>れいさいきぎょう</small>

137

small check	小額支票	しょうがくこぎって 小額小切手
small deposit	小額存款	こぐちよきん 小口預金
small or medium- sized enterprises		
	中小企業	ちゅうしょうきぎょう 中小企業
small order	小額訂單	こぐちちゅうもん 小口注文
small profit	利潤微薄	はくり 薄利
small profits and quick return	簿利多銷	はくりたばい 薄利多売
small−capital stock	小型股	こがたかぶ 小型株
smuggler	走私船	みつゆせん 密輸船
smuggling	走私	みつゆ 密輸
soaring	急漲	きゅうとう 急騰
social security	社會保障	しゃかいほしょう 社会保障
software	軟體	ソフトウェア
sold note	售貨單	うりわたししょ 売渡書
sole agency contract	獨家代理合同	そうだいりけいやく 総代理契約
sole agent	獨家總代理店	そうだいりてん 総代理店
sole proprietor	獨資	こじんてんしゅ 個人店主
solid packing	包裝牢固	ほうそうけんご 包装堅固
sovereign	主權國家	しゅけんこく 主権国
spec.−specifications	規格、產品規格	しようしょ 仕様書、スペック
special account	特別帳戶	とくべつかいけい 特別会計

special bracket	特別分類	特別枠
special drawing rights-SDR	（貨幣基金）特別提款權	特別引出し権
special reserve fund	特別保留基金	別途積立金
specialist system	專職制度	専門職制度
specialty goods	專門用品	専門品
specialty store	專門店	専門店
specifications	規格（書）	仕様書
specified stock	特別股	指定銘柄
speculation	投機	投機、投機的
speculator	投機家、作手	投機家、投機筋、仕手
spending	消費	消費
spot (goods)	現貨、現品	直物、現物
spot cash	現金即付	即金払い
spot deal	現貨交易	直物取引
spot goods	現貨	現物
spot market	現貨市場、現物市場	直物市場
spot option	現貨選擇權	現物オプション
spot rate	現貨匯率、現匯價	現物相場、直物市場
spot transaction	現貨交易	現物取引、直物取引
spotty	不穩定市場	まばら
spread (in price)	價差、溢價	値ザヤ、サヤ

square position	外匯買賣部位	為替の売り買いのポジション
stability	安定	安定
stable dividend	安定分派股息	安定配当
stable growth	安定成長	安定成長
stable stockholder	安定股東	安定株主
staff	職工	スタッフ
stagflation	經濟停滯的通貨膨脹	経済停滞、スタグフレーション
stagnation	停滯、蕭條	停滞
stale B/L	過期提單	期限切船荷証券
stamp	印花	印紙
stamp endorsement	蓋章背書	印判裏書
standard	標準、規格、定額	標準、規格、基準
standard and spoor's stock price index		
	標準普爾股價指數	SP株価指数
standard cost	標準成本	標準原価
standard of living	生活水準	生活水準
standard price	標準價格	標準価格
standardization	標準化、規格化	標準化、規格化
stare-up costs	開辦費	開業費
statement	帳單、報表、財務報表	計算書、明細書
statement of account	對帳單、帳單、結單	口座の計算書、請求書、勘定書

statement of cash receipts & payments		
	現金收支表	収支計算書 (しゅうしけいさんしょ)
stationery expense	事務用品表	事務用品費 (じむようひんひ)
statistical quality control-SQC	品質管理統計	統計的品質管理 (とうけいてきひんしつかんり)
statistics	統計、統計學	統計 (とうけい)
status	信用狀態	信用状態 (しんようじょうたい)
statute of limitations	時效	時効 (じこう)
steady	價格平穩	しっかり、堅調、底堅い (けんちょう そこかたい)
steel	鋼鐵	鉄鋼 (てっこう)
stevedorage	裝卸費	荷役料 (にやくりょう)
(to) stiffen	堅挺、凝固	締まる(v) (し)
stock	股份、股票、庫存	株式、株券、在庫 (かぶしき かぶけん ざいこ)
stock as inflation hedge	避險股	ヘッジ株 (かぶ)
stock balance	庫存餘額	残品 (ざんぴん)
stock brandname	股票名稱	株式銘柄 (かぶしきめいがら)
stock certificate	股票	株券 (かぶけん)
stock dividend	股息、股利	株式配当 (かぶしきはいとう)
stock exchange	股票市場	株式市場 (かぶしきしじょう)
stock exchange securities market	証券交易所	証券取引所 (しょうけんとりひきじょ)
stock futures transaction	股票期貨市場	株式先物取引 (かぶしきさきものとりひき)
stock holder	股東	株主 (かぶぬし)

stock index	股價指數	株価指標 <small>かぶかしひょう</small>
stock market	証券市場	証券市場 <small>しょうけんしじょう</small>
stock option	認股權	ストックオプション
stock portfolio	証券投資組合	株式投資配分表 <small>かぶしきとうししはいぶんひょう</small>
stock price	股價	株価 <small>かぶか</small>
stock price average	平均股價	平均株価 <small>へいきんかぶか</small>
stock price forecast	股價預測	株価予測 <small>かぶかよそく</small>
stock price index	股價指數	株価指標 <small>かぶかしひょう</small>
stock sales ratio	庫存率	在庫率 <small>ざいこりつ</small>
stock split	大股分小	株式分割 <small>かぶしきぶんかつ</small>
stock subscription	己認繳股	応募(証券) <small>おうぼ しょうけん</small>
stock transfer	股票轉讓、股票轉名	名義書換え、株式譲渡 <small>めいぎかきか かぶしきじょうと</small>
stock warrants	認股權証	新株引受証券 <small>しんかぶひきうけしょうけん</small>
stock, inventory	存貨	在庫 <small>ざいこ</small>
stockholder, shareholder	股東	株主 <small>かぶぬし</small>
stock-taking	盤點存貨	棚卸し <small>たなおろ</small>
storage	倉儲、倉租、棧租、存倉費	保管、保管料 <small>ほかん ほかんりょう</small>
storage, custody	存倉	倉庫保管 <small>そうこほかん</small>
store space	賣場面積	売場面積 <small>うりばめんせき</small>
stowage, shipment	配載貨物、裝載貨物	積荷 <small>つみに</small>
straight bond-SB	普通公司債	普通社債 <small>ふつうしゃさい</small>

strategy	策略	せんりゃく 戦略
street peddler	攤販	ろ てんしょうにん 露店商人
(to) strengthen	趨強	つよ ば 強張る(v)
stress management	壓力管理	かん り ストレス管理
strike	罷工、暴動	ストライキ
strong dollar	強勢美圓	だか ドル高
strong yen	強勢日圓	えんだか 円高
strong/firmer tone	堅挺的	つよぶく 強含み
structural recession	結構性不景氣	こうぞう ふ きょう 構造不況
structural unemployment	構造性失業	こうぞうてきしつぎょう 構造的失業
stub, counterfoil	存根、票根、存底	ひか 控え
subcontract	分包合同、承包合同	したうけ 下請
subcontracting factory	分包工廠、轉包工廠	したうけこうじょう 下請工場
subcontractor	承包商、協力廠	したうけ きぎょう 下請企業
subject to our final confirmation	以我方最後確認	さいしゅうかくにんじょうけん 最終確認条件
subscription	定期購讀	てい き こうどく 定期購読
subscription for stock	認購(股票)	おう ぼ しょうけん 応募(証券)
subscription price	認購價格	よ やくね だん 予約値段
subsidiary	分支	さん か 傘下
subsidiary company	分公司、子公司	こ がいしゃ さん か き ぎょう 子会社(傘下企業)
subsidiary finance	系列融資	けいれつゆう し 系列融資

143

subsidy	補助金	補助金
subsidy system	補助金制度	補助金制度
substance	實質	実質
substantial growth rate	實質成長率	実質成長率
successful bid	得標、中標	落札
sudden drop	急跌	急落
sudden fall	急跌	暴落
sudden rise	急漲	急上昇、急騰
summit (meeting)	高峰會議	サミット
sunrise industry	明星成長產業	新規成長産業
sunset industry	夕陽產業	斜陽産業、衰退産業
supervision	監督	監督
supplier	供應廠商	仕入先
supplies	儲藏品	貯蔵品
supplies on hand	消耗品	消耗品
supply	供給	供給
support	支撐	テコ入れ、下ささえ
surety	保証人、擔保	保証人
surplus	黑字、盈餘	黒字、余剰
surplus at beginning of period	上期盈餘	前期繰越利益
surplus cash	盈餘現金	過剰金

surplus funds	盈餘金	余剰金、余剰資金
surrender	解約、放棄	解約
surtax	附加稅	付加税
survey	調查	調査
survey report	檢驗報告	鑑定報告書
surveying fee	檢驗費	鑑定料
surveyor	檢驗人、檢驗公證行	鑑定人
surveyor's certificate	公證人（行）證明書	鑑定証明書
surveyor's report	鑑定證明書	鑑定書
swap transaction	(匯兌)換期交易	スワップ取引
switch	轉手	乗換
switch charge of credit	轉信用狀費	信用状切替手数料
switch trade	轉口貿易、轉手貿易	スツイチ貿易
switching commission	轉口貿易手續費	スツイチ貿易仲介手数料
syndicated loan	集團信貸	シンジケートローン、協調融資
synergy	相乘效果	相乗効果
system analysis	系統分析	システム分析
system design	系統設計	システム設計
system engineering	系統工程	システム・エンジニアリング
system of bidding	投標系統	入札制

T

table of contents	目錄	もくろく 目録
table of freight	運費表	うんちんひょう 運賃表
take delivery of goods	提貨	か もつ ひき と 貨物の引取り
(to) take inventory	清點庫存	たなおろし 棚卸
tally	理貨、點數	けんすう 検数
tally impression	騎縫印、對口章	わりいん 割印
target price	目標價格	もくひょうか かく 目標価格
target zone	目標價格圈	もくひょうそう ば けん 目標相場圏
tariff	關稅	かんぜい 関税
tariff increase	提高關稅	かんぜい ひ あ 関税引き上げ
task force	任務編成小組	プロジェクト・チーム
tax	稅、稅捐	ぜいきん 税金
Tax Administration Agency	（日本）國稅廳	こくぜいちょう 国税庁
tax amount	納稅額	のうぜいがく 納税額
tax break	逃稅	だつぜい 脱税
tax collected	預扣稅款	ぜいきんあずか きん 税金預り金
tax credit	扣除額	こうじょ 控除
tax deduction	稅扣除	ぜいこうじょ 税控除

tax evasion	（非法）逃漏稅	脱税
tax exempt	免稅	免税、非課税
tax privilege	稅捐優遇措施	租税優遇措置
tax privilege for export	出口稅捐優遇措施	輸出優遇税制
tax reduction	減稅	減税
tax reform	稅制改革	税制改革
tax return	納稅申報書、納稅申報書	税務申告書、納税申告書
tax revenue	稅收	税収
tax savings	節稅	節税
tax shelter	避稅手段	税金避難手段
tax withholding	股息稅、扣除稅	源泉徴収
taxation	租稅、課稅	租税、課税
taxation at the source (of income)	收入扣除	源泉課税
taxation office	稅捐稽徵處	税務署
taxation on aggregate income	綜合課稅	総合課税
tax-exempt bond	免稅債券	免税債
taxpayer	納稅人	納税者
TB-treasury bills	政府短期証券	政府短期証券
technical advance	新技術	技術進歩
technical assistance	技術援助	技術援助
technological tie-up	技術合作	技術提携

147

technology	技術	技術 (ぎじゅつ)
technology transfer	技術轉移	技術移転 (ぎじゅついてん)
telecommunications	電信	テレコミュニケーション
telegram	電報	電報 (でんぽう)
telegraph	電報、電信	電信 (でんしん)
telegraphic transfer (TT)	電匯	電信送金 (でんしんそうきん)
temporary employment	臨時雇用	臨時雇い (りんじやと)
temporary lay-off	暫時解雇	一時帰休 (いちじききゅう)
tenant	租戶	テナント
tender	投標	入札 (にゅうさつ)
tenor, usance	票期	手形期限 (てがたきげん)
term	期間、條款	期間 (きかん)
term financing	中長期金融	中長期金融 (ちゅうちょうききんゆう)
term loan	中長期貸款	中長期貸出し、タームローン (ちゅうちょうきかしだ)
term of validity	有效期限	有効期間 (ゆうこうきかん)
terms	條件（價格、付款）	条件、支払条件 (じょうけん、しはらいじょうけん)
terms of business	交易條件	取引条件 (とりひきじょうけん)
terms of delivery	交貨條件	受渡条件 (うけわたしじょうけん)
territorial waters	領海	領海 (りょうかい)
territory	地區、推銷區、（代理）區域	地域 (ちいき)
tertiary industry	三級產業（服務業）	（第）三次産業 (だいさんじさんぎょう)

think tank	智囊團	頭脳集団
tied sale	搭配著賣	抱合わせ
tie-up	合作	提携
tight money policy	高利率政策	高金利政策
tightening	緊縮	引き締め
time deposit	定期存款	定期預金
time draft	定期匯票	定期払い手形
time of delivery, delivery period	交貨期	受渡時期、荷渡期日
time wages	計時工資、鐘點費	時間給（時給）
tip	小費、內幕消息	チップ、早耳
title	法權、所有權	権利、所有権
to add up	計上	計上
to cut	減少	引下げ
to take effect as from this day's date	今天起生效	本日より発効
TOB-take over bid	上市公開、收購價	株式の公開、買付け
Tokyo Stock Exchange stock price Average	東京証交所平均股價	東証平均株価
Tokyo stock Exchange-TSE	東京証交所	東証一東京証券取引所
tone	（市場的）狀況	地合い
tone of color	色調	色合い
top down	從上而下	トップダウン

top management	最高決策者	さいこうけいえいしゃ 最高経営者
topless	景氣好、扶搖而上	あおてんじょう 青天井
total assets	總資產	けいじょう し さん 計上資産
total sales	總銷售金額	うりあげそうだか 売上総高
total value	總值	そう か かく 総価格
(the) total	累計	るいけい 累計
TQC-Total Quality Control	全面品質管理	ぜんしゃてきひんしつかん り 全社的品質管理
tracer	照會文件	しょうかいじょう 照会状
trade	商業、交易、貿易	つうしょう とりひき ぼうえき 通商、取引、貿易
trade account	貿易帳	ぼうえきかんじょう 貿易勘定
trade balance	貿易收支	ぼうえきしゅう し 貿易収支
trade barrier	貿易障礙	ぼうえきしょうへき 貿易障壁
trade between three countries	三角貿易	さんこくかんぼうえき 三国間貿易
trade deficit	貿易赤字	ぼうえきあか じ 貿易赤字
trade friction	貿易摩擦	ぼうえき ま さつ 貿易摩擦
trade mark registration	商標註冊	しょうひょうとう ろく 商標登録
trade mark	商標	しょうひょう 商標
trade on a bill	匯票交易	て がたとりひき 手形取引
trade receivables	待收債權	えいぎょうさいけん 営業債権
trade structure	貿易構造	ぼうえきこうぞう 貿易構造
trade surplus	貿易黑字	ぼうえきくろ じ 貿易黒字

trademark	註冊商標	しょうひょう 商標
trading area	商圈	しょうけん 商圈
trading company	貿易公司	しょうじ がいしゃ しょうしゃ 商事会社、商社
trading stamp	贈品券	しょうひんけん 商品券
transaction	交易	とりひき 取引
transaction charge	手續費	て すうりょう 手数料
transfer account	轉帳帳戶	ふりかえこう ざ 振替口座
transfer agent	名義轉讓代理人、証券代理人	めい ぎ かきかえだい り にん しょうけんだいこう 名義書換代理人、証券代行
transfer, assignment	轉讓	じょうと 譲渡
transferable	可轉讓的	じょう と か のう 譲渡可能
transit	轉口、過境	つう か 通過
transit clause	運送條款	うんそうやっかん 運送約款
transportation	運輸、搬運、調度	ゆ そう うんぱん はい ち てんかん 輸送、運搬、配置転換
transportation company	運輸公司	うんそうがいしゃ 運送会社
transportation cost	運輸費用	うんそう ひ 運送費
traveler's check	旅行支票	りょこうこぎって 旅行小切手、トラベラーズ・チェック
treasurer	財務主管、司庫	き ぎょう ざいむ ぶ ちょう （企業の）財務部長
treasury bills-TB	（短期）國庫券	ざい む しょうしょうけん せい ふ たん き しょうけん 財務省証券、政府短期証券
Treasury Department	（美）美國財務部	べいこくざい む しょう 米国財務省
treasury deposit	國庫存款	こっ こ よ たくきん 国庫預託金
treasury investment and loan	財政投融資	ざいせいとうゆう し 財政投融資

151

treasury stock	庫藏股	自社株、金庫株
treaty	條款	条項
trend	傾向、趨勢、動向	傾向、動向、地合
trial balance	試算表	試算表
trial order	試訂貨單	試買注文
trial piece	試用品	試用品
trial product	試製品	試作品
trial purchase	試購	テスト購入
triangular trade	三角貿易	三角貿易
trust	信託、信用	信用、信託
trust account (agreement)	信託帳	信託勘定
trust bank	信託銀行	信託銀行
trust cash funds	現金信託	金銭信託
trust company	信託公司	信託会社
trust fund	信託基金	信託資金
trust receipt (T/R)	進口信託擔保收據	輸入担保荷物保管証
turnabout	轉換方向	方向転換
turnover	營業額、週轉額	出来高、売上げ、回転率
turnover of capital	資本週轉（率）	資本回転率
twin deficits	攣生赤字（財政、貿易）	双子の赤字
type No.	型號	型番号

type of industry/business	業種	<ruby>業<rt>ぎょう</rt></ruby><ruby>種<rt>しゅ</rt></ruby>

unappropriated retained earnings (surplus)	未分配利益	<ruby>未<rt>み</rt></ruby><ruby>処<rt>しょ</rt></ruby><ruby>分<rt>ぶん</rt></ruby><ruby>利<rt>り</rt></ruby><ruby>益<rt>えき</rt></ruby>
unchanged	不變、行情持平	もちあい
unclean B/L, foul B/L	不潔提單	<ruby>故<rt>こ</rt></ruby><ruby>障<rt>しょう</rt></ruby><ruby>付<rt>つき</rt></ruby><ruby>船<rt>ふな</rt></ruby><ruby>荷<rt>に</rt></ruby><ruby>証<rt>しょう</rt></ruby><ruby>券<rt>けん</rt></ruby>
uncollectible	呆帳	こげつき
underload	欠載	<ruby>積<rt>つみ</rt></ruby><ruby>不<rt>ぶ</rt></ruby><ruby>足<rt>そく</rt></ruby>
underwriter	包銷商、保險商	<ruby>引<rt>ひ</rt></ruby><ruby>受<rt>きう</rt></ruby>け<ruby>業<rt>ぎょう</rt></ruby><ruby>者<rt>しゃ</rt></ruby>
underwriting	（股票）包銷、保險	<ruby>引<rt>ひ</rt></ruby><ruby>受<rt>きう</rt></ruby>け
unearned income	非就業收入	<ruby>未<rt>み</rt></ruby><ruby>実<rt>じつ</rt></ruby><ruby>現<rt>げん</rt></ruby><ruby>利<rt>り</rt></ruby><ruby>益<rt>えき</rt></ruby>
unearned revenue	（土地等）不勞收入	<ruby>不<rt>ふ</rt></ruby><ruby>労<rt>ろう</rt></ruby><ruby>収<rt>しゅう</rt></ruby><ruby>入<rt>にゅう</rt></ruby>
(the) unemployed	失業者	<ruby>失<rt>しつ</rt></ruby><ruby>業<rt>ぎょう</rt></ruby><ruby>者<rt>しゃ</rt></ruby>
unemployment	失業	<ruby>失<rt>しつ</rt></ruby><ruby>業<rt>ぎょう</rt></ruby>
unemployment rate	失業率	<ruby>失<rt>しつ</rt></ruby><ruby>業<rt>ぎょう</rt></ruby><ruby>率<rt>りつ</rt></ruby>
unfair	不公平、不合理	<ruby>不<rt>ふ</rt></ruby><ruby>当<rt>とう</rt></ruby>
unfavorable factor	壞材料、壞消息	<ruby>悪<rt>あく</rt></ruby><ruby>材<rt>ざい</rt></ruby><ruby>料<rt>りょう</rt></ruby>
unilateral payment	單面結匯	<ruby>片<rt>かた</rt></ruby><ruby>道<rt>みち</rt></ruby><ruby>決<rt>けっ</rt></ruby><ruby>済<rt>さい</rt></ruby>
union	工會	<ruby>組<rt>くみ</rt></ruby><ruby>合<rt>あい</rt></ruby>

unit	單位	単位
unit cost	單位成本	単位原価
unit price	單價	単価
united enterprises	企業聯合	企業連合
unit-linked assurance	單位型保險	変額保険
unit-type investment trust	單位信託	ユニット型投資信託
universal bank	綜合銀行	総合金融機関、ユニバーサルバンク
unlisted stock	未上市股票	未公開株、非上場株
unloading	卸貨	（荷物の）揚卸し
unloading, discharging	卸貨、起貨、起卸	荷揚げ
unpacking	拆包	（積荷）解装
unpaid	未付	未払い
unredeemed	不可贖回、不償還	据え置き
unsecured bond	無抵押債券	無担保債券
unsecured corporate bond	無抵押公司債	無担保社債
unsecured loan	無抵押貸款	無担保貸出
unskilled labor	不熟練工人	未熟練労働者
ups and downs	上下浮動	浮動
upsurge	急漲	急騰
upswing	景氣上昇趨勢	上昇化傾向
upturn	經濟好轉、市場回升	好転

upward revision	上方修正	上方修正
Uruguay Round	烏拉圭談判	ウルグアイ・ラウンド
usance	遠期匯票的期限、票期	手形の期限
usance bill	遠期匯票	期限付手形
usance buying rate	遠期匯票買入行情	期限付手形買相場
usance L/C	遠期信用狀	期限付信用状
useful life	耐用年數	耐用年数
user	使用者、用戶	使用者、ユーザー
utility	效用、公用事業	効用、公共事業
utility bills	公共費率	公共料金
utilization of funds	運用資金	資金の運用

vacant position	空缺職位	欠員
vacuum packaging	真空包裝	真空パック
validity	有效期間	有効期間
validity of contract, duration of contract		
	合同有效期間	契約有効期間
valuable securities	有價証券	有価証券
valuation	評估、估價	評価

value	價值、價格	価値、価格
value added tax-VAT	增值稅	付加価値税
value date	兌換日、起息日、付款日	為替の実行日、手形決済日
VAN-value added network	附加價值通信網	付加価値通信網
variable cost	可變成本	変動費
variable rate	變動率	変動率
vender	賣貨人、賣方	仕入先
venture business	創投業	ベンチャー ビジネス
venture capital	創投資本	事業資金
veto power	否決權	拒否権
violation	違反（合同）	違反
violent fluctuation	急漲急跌	乱高下
void	作廢、無效	無効
volume	數量	数量、出来高
volume dealing	大批交易	大口取引
volume discount	數量折扣	数量割引
volume of an order	訂單數量	発注量
volume of business	交易金額、成交額	取引高
volume of dealing	交易數量	取扱い高
voluntary export restraint	出口自我限制	輸出自主規制
voting right	投票權	議決権

voucher	（付款、記帳）傳票、憑証	でんぴょう けいさんしょ 伝票、計算書

W

wage	薪資	ちんぎん 賃金
wage attached to a post	職務加給	しょくむ きゅう 職務給
wage based on performance	能力給薪	しょくのうきゅう 職能給
wage differential	薪資差異	ちんぎんかくさ 賃金格差
wage increase	加薪	ちん あ 賃上げ
wage level	薪資水準	ちんぎんすいじゅん 賃金水準
wage system	薪資構造	ちんぎんたいけい 賃金体系
wait and see	觀望	み おく も ようなが 見送り、模様眺め
Wall Street	華爾街	がい ウォール街
warehouse	倉儲	そうこ 倉庫
warehouse charges , storage	儲藏費、棧租	そうこ りょう 倉庫料
warrant money	保証金	しょうこきん 証拠金
warrants (bond with stock purchase warrant)	（公司的)認股權証	さい ワラント債
warranty	保証書、保証條約、擔保	ほ しょうしょ たんぽ 保証書、担保
(to) watch and wait	觀望	も ようなが 模様眺め
watered stock	資本灌水	みずま し ほん 水増し資本

waterproof packaging	防水包裝	<ruby>防<rt>ぼう</rt></ruby><ruby>水<rt>すい</rt></ruby><ruby>包<rt>ほう</rt></ruby><ruby>装<rt>そう</rt></ruby> 防水包装
watertight compartment	不透水艙	<ruby>防<rt>ぼう</rt></ruby><ruby>水<rt>すい</rt></ruby><ruby>室<rt>しつ</rt></ruby> 防水室
way-bill	運單、運貨單	（<ruby>鉄<rt>てつ</rt></ruby><ruby>道<rt>どう</rt></ruby>）<ruby>貨<rt>か</rt></ruby><ruby>物<rt>もつ</rt></ruby><ruby>引<rt>ひき</rt></ruby><ruby>換<rt>かえ</rt></ruby><ruby>書<rt>しょ</rt></ruby> （鉄道）貨物引換書
weak tone	走弱	<ruby>軟<rt>なん</rt></ruby><ruby>調<rt>ちょう</rt></ruby>、<ruby>弱<rt>よわ</rt></ruby><ruby>含<rt>ぶく</rt></ruby>み 軟調、弱含み
(to) weaken	轉弱、鈍化	ダレる、ボケる
weakening dollar	弱勢美元、美元趨貶	ドル<ruby>安<rt>やす</rt></ruby>
weakness	疲弱	<ruby>軟<rt>なん</rt></ruby><ruby>調<rt>ちょう</rt></ruby> 軟調
wealth	財富、財產	<ruby>財<rt>ざい</rt></ruby><ruby>貨<rt>か</rt></ruby>、<ruby>財<rt>ざい</rt></ruby><ruby>産<rt>さん</rt></ruby> 財貨、財産
weekly pay	週薪	<ruby>週<rt>しゅう</rt></ruby><ruby>給<rt>きゅう</rt></ruby> 週給
weight	重量	<ruby>重<rt>おも</rt></ruby>さ、<ruby>重<rt>じゅう</rt></ruby><ruby>量<rt>りょう</rt></ruby> 重さ、重量
welfare	福利、福祉	<ruby>福<rt>ふく</rt></ruby><ruby>利<rt>り</rt></ruby><ruby>厚<rt>こう</rt></ruby><ruby>生<rt>せい</rt></ruby> 福利厚生
wet stained	受潮	<ruby>濡<rt>ぬ</rt></ruby>れ 濡れ
white collar worker	白領階級	ホワイトカラー
white paper	白皮書	<ruby>白<rt>はく</rt></ruby><ruby>書<rt>しょ</rt></ruby> 白書
wholesale	大盤商、批發商	<ruby>卸<rt>おろし</rt></ruby><ruby>売<rt>うり</rt></ruby>（<ruby>商<rt>しょう</rt></ruby>） 卸売（商）
wholesale market	批發市場	<ruby>卸<rt>おろし</rt></ruby><ruby>売<rt>うり</rt></ruby><ruby>市<rt>し</rt></ruby><ruby>場<rt>じょう</rt></ruby> 卸売市場
wholesale price	批發價格	<ruby>卸<rt>おろし</rt></ruby><ruby>売<rt>うり</rt></ruby><ruby>価<rt>か</rt></ruby><ruby>格<rt>かく</rt></ruby>（<ruby>卸<rt>おろし</rt></ruby><ruby>値<rt>ね</rt></ruby>） 卸売価格（卸値）
wholesale price index	躉售物價指數	<ruby>卸<rt>おろし</rt></ruby><ruby>売<rt>うり</rt></ruby><ruby>物<rt>ぶっ</rt></ruby><ruby>価<rt>か</rt></ruby><ruby>指<rt>し</rt></ruby><ruby>数<rt>すう</rt></ruby> 卸売物価指数
wholesaler	批發商	<ruby>卸<rt>おろし</rt></ruby><ruby>売<rt>うり</rt></ruby><ruby>業<rt>ぎょう</rt></ruby><ruby>者<rt>しゃ</rt></ruby> 卸売業者
window	窗口	<ruby>窓<rt>まど</rt></ruby><ruby>口<rt>ぐち</rt></ruby> 窓口
window dressing	美化帳面	<ruby>粉<rt>ふん</rt></ruby><ruby>飾<rt>しょく</rt></ruby><ruby>決<rt>けっ</rt></ruby><ruby>算<rt>さん</rt></ruby> 粉飾決算

window sales	窗口銷售	まどぐちはんばい 窓口販売
with particular average (WPA)	承保單獨海損	たんどくかいそんたんぽ 単独海損担保
withdrawal slip	出金傳票	しはらいでんぴょう 支払伝票
withholding tax	扣除稅、股息稅	げんせんかぜい げんせんちょうしゅうぜい 源泉課税、源泉徴収税
word processor	文字處理機	ワードプロセッサー
word-of-mouth communication	口語相傳、口碑	くち 口コミ
work	業績、工作	ぎょうせき しごと 業績、仕事
working capital	運用資本、週轉資金	えいぎょうしきん うんてんしきん 営業資金、運転資金
working hours	工作時間	ろうどうじかん 労働時間
working ratio	產能利用率	かどうりつ 稼働率
(The) World Bank	世界銀行	せかいぎんこう 世界銀行
(to) write off	註消、沖銷	ちょうけ 帳消し
written contract	契約書	けいやくしょ 契約書
written estimate	報價單	みつもりしょ 見積書

Y

yellow pages	分類電話簿	しょくぎょうべつでんわちょう 職業別電話帳
yen base	日圓計價	えんだ 円建て
yen credit	日圓借款	えんしゃっかん 円借款

yen equivalent	換算日圓	円換算 <ruby>えんかんさん</ruby>
yen rate	日圓匯率	円相場
yen-base trade	日圓計價匯率	円建て貿易
yield	盈利(率)、獲利(率)	利回り、歩留まり
yield spread	盈利率價差	利回り格差
yield to maturity	到期收益	最終利回り

yen equivalent　換算日圓　円換算（えんかんさん）

yen rate　日圓匯率　円相場（えんそうば）

yen-base trade　日圓計價匯率　円建て貿易（えんだてぼうえき）

yield　盈利(率)、獲利(率)　利回り、歩留まり（りまわり、ぶどまり）

yield spread　盈利率價差　利回り格差（りまわりかくさ）

yield to maturity　到期收益　最終利回り（さいしゅうりまわり）

日語索引

日語索引

日語索引

日語索引

日語索引

日語索引

そ・ソ

日語索引

日語索引

日語索引

日語索引

日語索引

186

日語索引

中文索引

中文索引

中文索引

中文索引

中文索引

200

中文索引

中文索引

中文索引

中文索引

中文索引

212

中文索引

中文索引

漢 思 出 版 叢 書

話 題 的 日 本 語 暢 銷 叢 書

迎接第二外語時代，成為國際文化人！

日本一姿與心 "第六版"： 日本系列（1）ISBN:957-98522-5-1
售價：350元
作者：新日本製鐵能力開發室

在日本已暢銷百萬冊，與日本同步推出，並增修訂至第六版，為介紹日本的經典名著。內容詳盡的介紹日本地理、歷史、政治、經濟、企業經營、社會、教育、文化等各個層面，藉由本書，了解日本這個國家且能吸收日本的經驗。
●本書出版後，得到各界熱烈好評，於2000年增訂至第六版。

日語中的關鍵語： 日本系列（2）ISBN:957-99695-2-3
售價：250元
作者：石川島播磨重工　廣報部

本書以『KEYWORD』（關鍵語）的方式出發，並採用中日文對譯，可提高學習的效率，並加快學習腳步。內文中有「上班常用語句」、「季節問候用語」、「商業上用語」，字字珠璣，使您讀後，不但可以了解各個關鍵用語的用法及時機，而且能正確地了解日語及日本社會生活及文化的面貌。

日本鳥人： 日本系列（3）ISBN:957-99695-3-1
售價：180元
作者：Tim Ernst & Mike Marklew

本書的作者為英美人士，他們以詼諧及富有想像力的插畫，描繪出日本人的社會與生活，並採『中、日、英』三國語言的對譯方式，讓讀者藉由不同語言的角度，來了解各個語言的表現。內容生動活潑，您可利用這些幽默的話題及字彙，增加說話的幽默感並增進人際關係。

日本人的秘密： 日本系列（４）ISBN:957-99695-5-8
售價：240元
作者：長谷川勝行

　　本書的作者以卓越的洞察力，分析了日本人與外國人在思考與行動上的差異，簡潔並詳實地描述日本社會及日本人的思考模式。尤其是對日本人的消費行動，有精闢的分析。本書也以較中立的立場介紹了日本社會的現狀並強調了包容對方文化的重要性。本書並承蒙各大學教授、文化人士推薦，採『中、日、英』三國語言的對譯方式。

日本料理完全手冊： 日本系列（５）ISBN:957-99695-9-0
售價：240元
作者：田村暉昭

　　本書介紹日本料理的「吃法」、「樂趣」、「禮儀」；瞭解日本料理中『吃的藝術』。吃日本料理早已成為台灣生活的一部分，但如何接受招待或吃一頓貼心合於禮儀的日本料理，便是一門學問。本書讓你了解懷石、會席、本膳料理，享用美食時應如何點菜且能欣賞菜式、餐具及整體美感與料理方面的知識。

公司禮儀與溝通： 日本系列（６）ISBN:957-98522-3-5
售價：320元
作者：PHP研究所

　　台灣與日本無論在商業、文化等交流頻繁，而人與人之間的交流如能藉助本書所述，以「成功的禮儀與溝通」，將有效提昇效率，讓上司欣賞、客戶滿意、企業更成功。本書就是將公司教育訓練中的待客禮儀，做了一個簡潔的整理，讓讀者能利用本書為工作帶來一些助益，並擴展人際關係，採用中日文對譯。

桃太郎的法則： 日本系列（７） ISBN:957-98522-4-3
售價：240元
作者：長谷川勝行

　　長谷川　勝行先生，再度推出『日本人的祕密』的實用篇：『桃太郎的法則』，本書可以生動的了解日本人的交際、行為、交易、就職、生活上等的想法與日本社會的現狀，不僅說明日本人的習性及價值觀，對眼睛看不到的行動規則，也做了詳細的介紹。全書採中、日、英三國語言對譯，幫助您了解不同語言的表現，加深您的功力。

刮目相看，叫我…日本通： 日本系列（8） ISBN:957-98522-8-6

售價：240元
作者：田仲邦子

　　『日本通』是將日本一般庶民之間的日常生活用語，以字典的形態親切的對讀者作說明，也真實的反應出日本的實態，本書中的許多項目，在作者生動的解說之下，指出不少日本人匪夷所思，異想天開的新點子或是對自身社會及生活上的嘲諷，令人大開眼界。本書採中、日、英對譯。

揭開日本語的秘密： 日本系列（9） ISBN:957-98522-7-8

售價：240元
作者：岸本建夫

　　本書以顛覆傳統的學習觀念，剖析日語的語法構造，使讀者能快速掌握文法的基礎。作者整理出日語跟其他語系的相異之處，列舉外文例子與日本語作比較，使您更了解日語的特質。配合現今潮流，指出不合時宜的會話用語，讓您馬上開口說日語。本書中、日、英對譯。

新日本語習字帖： 日語系列（1） ISBN:957-99695-1-5

售價：50元
作者：東漢日語文化中心

　　本習字帖的製作目的，是針對國人開發，使學生先建立學習的概念，並將習字基礎打好，使學生在學習語言前，先了解日語的構造與中國語音的差異性。並附錄平假名、片假名習字帖、高頻率單字、日本人百家姓，數字的讀法等。以易於教師教授方式編排，加強學習者的興趣。並承各大專院校、高中職校、語言中心等踴躍訂購中。

新日本語發音練習帳： 日語系列（2） ISBN:957-99695-6-6

售價：180元 （附錄音帶）
作者：東漢日語文化中心

　　針對課程的進度而開發，使教師易於指導，以期將「發音」與「習字」一氣呵成。結合「新日本語習字帖」並加入了"日本語發音要訣"，介紹日語中的發音及表記等讀法。附錄有「高頻率會話語句」；常用問候語、接聽電話用語、數量詞、飯店、機場、中日料理、吃飯用語等，使您學完後，馬上就可開口，加強自信，先有成就感。

日語假名聯想入門： 日語系列（3） ISBN:957-98522-6-X

售價：90 元

作者：東漢日語文化中心

利用獨家創意聯想法，快速學成平假名、片假名及日語發音規則。讓您學得輕鬆又愉快，卷末並附有羅馬音輸入一覽表，讓您上網輸入日文、查詢日語網頁時馬上上手。本系列的前身「新日本語習字帖」及「新日本語發音練習帳」自推出後廣獲好評，承蒙各大專、高中職院校採用。

觀光日語好上手： 日語系列（4） ISBN:957-99695-9-4

售價：精裝 CD 2 片 特價 299 元

編者：東漢日語文化中心

針對國人研發，精選各種旅遊場合的日語範例，最適合從事觀光，餐飲及服務業人士使用，文中附錄「追加豆知識」，不但增進您對日文的知識，也增加您閱讀的興趣。全書附羅馬拼音及CD 2 片，一句中文，一句日文，不但可矯正音調，加強發音基礎，就算初接觸日語的人，也能籍由本書，輕鬆開口說。

40 國語言習得法： ISBN:957-99695-4-X

售價：180 元

作者：新名美次

語言是不同文化之間溝通的橋樑，具備多國語言的能力，是在競爭社會中脫穎而出的必要條件。本書作者以現身說法提供學習語言的方法與經驗，並詳實地介紹各個語言的脈絡關係，可提高學習的效果。本書並特別推薦給學生及社會人士，了解如何藉由學習語言達到成功的人生，為一本勵志及學習外國語言前的必備方法書。

最新觀光／飯店／餐飲／英語 ISBN:957-99695-8-2

售價：350 元 （附錄音帶）

作者：Forde Sakuoka

本書是針對觀光、飯店及餐飲業人士所編的基礎觀光飯店業務及餐飲用的英語會話教材。以東京YMCA國際飯店專門學校的教材為基礎，將日常業務中使用頻率較高且表現上較簡潔的文句，以優先順序做了一個整理。本書附錄「會話練習」、「音調練息」、「置換練習」、「發音練習」等，可增加您學習的效率。

輕鬆動畫學日語：日語系列（5） ISBN 957-30615-1-1

售價：249元（附動畫CD-ROM、內文CD）

作者：漢思編輯部

本書利用最先進的多媒體聲光教學，保證讓你有耳目一新的感受。加上獨創「假名聯想記憶法」來快速記憶五十音，脫離死背的苦海，有趣又好記。並能徹底掌握發音要訣及標準東京音，免得日後又為矯正發音所苦，亦針對日語初學者的瓶頸及常犯的錯誤，以遊戲及互動式練習來加速反應。

附錄有日語卡拉OK，今後日劇歌曲也可以朗朗上口。如果要更上一層樓，本書也附帶介紹「如何安裝日文輸入法」、「如何在電腦上輸入日文」，讓你在瀏覽日本網站、收發日文電子郵件等時，都有日文環境支援。

WTO經貿金融關鍵用語 ISBN 957-30615-2-x

中英日對照 三國語快速索引

售價:249元

作者：漢思編輯部 張思本主編

國際經貿派，不再流冷汗！

◎你有沒有這樣的經驗？

有時候，在會議席上或是與客戶歡談之際，突然出現一些沒聽過的經貿用語，而這些又是關鍵，書到用時方恨少，往往嚇得一身冷汗。如果當時隨便答腔、又答非所問的話，不僅會令對方一頭霧水，除了雞同鴨講，也常常令人啼笑皆非，當場無地自容。

「你買了保險沒？」，保險要事先買，事後就來不及。熟諳本書經貿用語，知己知彼，芝麻開門。

◎本書不但是一本經貿關鍵用語詞典，也是一本單字學習書，讓你輕鬆學習、利用快速中英日索引，一次學成三國經貿用語。

WTO經貿金融關鍵用語

中英日對照・三國語快速索引

2002年 3月 1 日初版　　　　　　　　　售價　249元

編　者：漢思編輯部
　　　　張思本主編 (日本橫濱市立大學商學碩士)

出　版：漢思有限公司
　　　　台北市敦化南路2段 1 號 7 樓
　　　　http://www.wave.com.tw
　　　　e-mail: service@wave.com.tw
　　　　T E L : (02) 2705-5848
　　　　F A X : (02) 2702-0365
　　　　郵撥帳號: 1841 8738

總經銷：知遠文化事業有限公司

電　話：(02) 2664-8800

English-Chinese-Japanese
Keywords of Trade Commerce Finance
Edited by Daniel Chang
Published by Wave Imagination Ltd.
7F No.1 Sec. 2 Tun Hwa S. Road Taipei Taiwan

國家圖書館出版品預行編目資料

WTO 經貿金融關鍵用語
English-Chinese-Japanese
Keywords of trade commerce finance /
張思本主編.　--　初版.　-- 臺北市
：漢思，　民 91
　224 面　；　15x21 公分
中英日對照
ISBN 957-30615-2-X(平裝)

1.經濟 – 字典,辭典　2.貿易 – 字典,辭典
3.貿易日語
550.4　　　　　　　　91000335